"互联网+"采购系列教材

U0668319

# "互联网+"招标采购
# 实务教程

## THE "INTERNET + " BIDDING
## AND PROCUREMENT
## PRACTICE COURSE

王友丽　张利江
杨　芳　李　静　｜编著

经济管理出版社
ECONOMY & MANAGEMENT PUBLISHING HOUSE

图书在版编目（CIP）数据

"互联网+"招标采购实务教程/王友丽等编著．—北京：经济管理出版社，2019.8
ISBN 978-7-5096-6912-9

Ⅰ.①互…　Ⅱ.①王…　Ⅲ.①互联网络—应用—采购—招标—中国—教材 ②互联网络—应用—采购—招标投标法—中国—教材　Ⅳ.①F284-39 ②D922.297-39

中国版本图书馆 CIP 数据核字（2019）第 195681 号

组稿编辑：杜　菲
责任编辑：杜　菲
责任印制：黄章平
责任校对：王淑卿

出版发行：经济管理出版社
　　　　　（北京市海淀区北蜂窝 8 号中雅大厦 A 座 11 层　100038）
网　　址：www.E-mp.com.cn
电　　话：（010）51915602
印　　刷：三河市延风印装有限公司
经　　销：新华书店
开　　本：787mm×1092mm/16
印　　张：19
字　　数：438 千字
版　　次：2019 年 9 月第 1 版　　2019 年 9 月第 1 次印刷
书　　号：ISBN 978-7-5096-6912-9
定　　价：49.00 元

# 前　言

当前，全球全面迈入"互联网＋"时代，采购领域也不例外。在大数据、人工智能等以互联网为基础的数字技术的推动下，传统采购模式正在被颠覆，可预测战略寻源、自动化采购执行等创新化的管理模式助力采购部门成为新的价值创造中心。这一发展趋势对采购人才的知识和技能提出了更高要求，但与之形成鲜明对比的是，我国采购领域的专业人才供应严重不足，也缺乏将理论与实践紧密结合的丛书作为指导。因此，为了满足采购领域的专业人才培养需要，我们开启了"互联网＋"采购系列教材的编写工作。本书作为系列教材丛书中的一本，侧重介绍融入互联网的招标采购活动的实务操作，满足采购管理相关专业本科生培养需要，更是涉足招标采购领域的工作人员学习和参考的必备用书。

2017 年，国家发改委、工业和信息化部等六部委印发的《"互联网＋"招标采购行动方案（2017—2019 年）》明确指出，政府将从发展规划、技术标准、交易规则、安全保障、公共服务等方面引导各类市场主体积极参与电子招标采购交易平台建设运营。这一行动方案意味着传统的以纸质为载体的采购方式将被逐步取代，全流程互联网招标采购将成为主流。

因此，为响应政策号召，迎合时代发展，本书以培养高素质、专业化、社会化的高等教育学生为目的，将理论知识与实战演练完美融合，打通学科与职业的屏障。本书前两章介绍了电子招标采购的理论知识，后五章展示了不同采购方式的实际业务操作演练说明，同时在各种采购方式的操作演练中融入相关法律法规及专家解读，使采购演练场景更具实践价值。采购方式主要有招标采购、询价采购、竞争性谈判采购、竞争性磋商采购、单一来源采购。其中，招标采购方式主要参考《招标投标法》及其实施条例；非招标采购方式主要参考《政府采购法》及其实施条例。书中各采购方式的部分操作实务流程存在相同之处，但为保障流程的完整性，每个操作实务章节对部分相同的操作流程均有描述。因此，在各采购方式操作实务的学习过程中可以按照书中各章节依次学习，也可以根据需要从任意一个章节开始。对于操作实务部分相同的操作流程可重点关注该操作流程涉及的法律法规，掌握不同采购方式下相同操作流程的业务要求及特点。此外，书中每种采购方式的章节中均有课后演练习题，通过课堂的知识学习及课外的习题操作与业务思考，加强学生的实际操作能力及对业务知识的理解，帮助学生更好的学习。

本书的特色在于注重电子招标采购的实务操作。目前市场上有不少电子招标投标交易平台，但"平台通过检测认证"才能代表其功能和安全等要求达到我国《电子招标投标办法》及其技术规范的标准。我国首批通过检测认证的 5 家企业电子招投标交易平台均由上海汇招信息技术有限公司（易招标）建设运营，同时，上海汇招信息技术有限公司（易招标）建设运营的电子招标投标交易平台通过国家检测认证的数量位居业内第一。鉴于此，本书选择参考上海汇招信息技术有限公司（易招标）提供的电子招标投标交易平台撰写实务操作章节的内容。

本书由江西财经大学与上海汇招信息技术有限公司（易招标）共同组织编纂，其中张利江、李静负责主要编写工作，邱倩琳、戴云晶、池国强、曾峥参与编写，张利江、范振华、王友丽、杨芳审稿。在此谨向他们的辛勤付出表示真诚的感谢。

因时间仓促，疏误之处在所难免，尚祈指正和谅解。

本书编者

2019 年 9 月 12 日

# 目　录

# 第一章　采购概述

◇ **学习导航**

掌握采购的基本含义和采购的活动主体

掌握各大采购方式的概念

◇ **教学建议**

备课要点：各大采购方式的特点、适用条件及涉及的采购活动主体

教授方法：讲授、启发式

扩展知识领域：如何合理降低采购成本

# 第一节　采购的含义

采购是指通过外部环境获取资源的活动过程，即个人、家庭、企业、政府等为获取资源，提前对需求进行预测，选择获取商品的方式及渠道，最终将货币转换成实际所需资源的交易过程。一般而言，采购的全过程具体如下：

## 一、提出采购需求

采购需求中应明确采购的标的物、采购的地点、采购的数量及标的物的技术规格要求，如质量、性能、体积及工艺方法等。提出采购需求是采购过程中关键的环节之一，明确合理的采购需求有利于提高采购的效率及质量。

## 二、规划采购

规划采购主要是制订采购方案，确定采购的方式、采购时间、采购执行人等内容。制定合理的采购方案有利于降低采购过程的成本及风险。

## 三、评估与选择供应商

评估与选择供应商环节中主要对供应市场进行调查，发现潜在供应商，评估供应商的能力。

## 四、获取与选择报价

获取与选择报价主要是按照选择的采购方式，向供应商发出报价邀请的过程。

## 五、谈判

在部分采购方式中，可通过谈判与供应商在价格、服务、交货期、交货方式等关键因素上达成一致。

## 六、签订合同

按照事先确定的合同条款与供应商签订合同的过程。

## 七、合同履行

供应商按照合同条款的约定，提供相应的服务、货物等。

## 八、合同验收

采购方根据合同约定的内容对供应商的履行情况进行验收，确定是否满足付款要求。

## 九、合同结算与付款

采购方按照合同约定的结算方式及要求进行结算，并向供应商支付款项。

## 十、供应商管理与评价

采购活动结束后，采购方对供应商的履约情况、年度绩效等进行评价管理。

不同采购方式有不同的交易规则及特点，本书主要针对获取与选择报价、谈判等过程重点介绍不同采购方式及其流程。

# 第二节 采购方式

采购方式是指各采购主体在采购中运用的方法和形式的总称。按照是否具备招标性质，可将采购方式划分为招标采购和非招标采购。其中，招标采购按照性质划分，可分为公开招标和邀请招标。不同采购主体采用的非招标采购方式有所差异，在我国政府采购体系中，非招标采购方式包括竞争性谈判、竞争性磋商、单一来源采购、询价及国务院政府采购监督管理部门认定的其他采购方式。我国企业非招标采购中涵盖的采购方式没有统一的要求及标准，一般可参照政府采购或中国招标投标协会制定的行业推荐性标准，非招标采购方式通常包括谈判采购、询比采购、竞价采购、直接采购、框架协议采购等。

鉴于企业采购的非招标采购方式没有统一的标准，本书非招标采购方式参照政府采购，主要介绍招标、竞争性谈判、竞争性磋商、询价、单一来源采购五种采购方式。

## 一、招标

招标是指招标人在一定范围公开发布项目需求内容范围、交易主体资格条件、交易规则及合同条件等内容，有意向并满足交易资格条件的投标竞争主体提交一次性报价及方案，招标人组织评标委员会按照招标文件的要求对提交的报价及方案进行评审并按照评标委员会推荐的中标候选人确定中标人，发出中标通知书，确定全部交易条件签订合同的采购方式。其中，公开招标是指招标人以招标公告的方式邀请不特定的法人或者其他组织投标。邀请招标是指招标人以投标邀请书的方式邀请特定的法人或者其他组织投标。在政府采购中，公开招标适用于集中采购目录以内或达到公开招标数额标准以上的货物、工程和服务。邀请招标适用于具有特殊性，只能从有限范围的供应商处采购的，或采用公开招标方式的费用占政府采购项目总价值的比例过大的项目。在企业采购中，企业一般根据自身业务特点，将达到一定数额标准以上的货物、工程和服务的采购纳入招标范围，采用招标方式进行采购。同时，为提高国有资金使用效益，建立透明、规范、高效和廉洁的政府，我国在《中华人民共和国招标投标法》（主席令第 21 号）[①]（以下简称《招标投标法》）中建立了强制招标制度，明确我国境内依法必须招标的工程建设项目的范围和金额标准：①达到金额标准以上的大型基础设施、公用事业等关系社会公共利益、公众安全的项目；②全部或者部分使用国有资金投资或者国家融资的项目；③使用国际组织和外国政府贷款、援助资金的项目等必须依法进行招标。

公开招标的优点主要体现在竞争公平、公正、公开，程序规范；但公开招标产生的采购费用较高，且由于程序需严格遵循相关规定，其采购的手续也较为烦琐。邀请招标较公开招标而言，优点主要体现在可节省时间和费用上；缺点主要体现在邀请招标邀请特定的投标人，其竞争性与公开招标有所差距，且造成串通投标的可能性更大。

## 二、竞争性谈判

竞争性谈判是指采购人和/或其委托的谈判小组与符合资格条件的供应商就采购货物、工程和服务事宜进行谈判，供应商按照谈判文件的要求提交响应文件和最后报价，采购人从谈判小组提出的成交候选人中确定成交供应商的采购方式。竞争性谈判采购主要适用于：①技术复杂或性质特殊，不能确定详细规格或者具体要求的项目；②采用招标所需时间不能满足用户紧急需要的项目；③不能事先计算出价格总额的项目。

竞争性谈判是除招标方式之外最能体现采购竞争性原则、经济效益原则和公平性原则的采购方式。竞争性谈判的优点主要体现在可以与参与的供应商进行探讨、谈判，与招标方式相比其具备较大的灵活性，且通过谈判与多轮报价有利于采购到性价比更优的产品；竞争性谈判的缺点主要体现在谈判过程中均为谈判小组与供应商的单独秘密谈判，容易给参与者或操作人员制造串通舞弊的机会。在谈判中，"买家精不过卖家"是常有的事。

## 三、竞争性磋商

竞争性磋商是指采购人和/或其委托的政府采购代理机构通过组建竞争性磋商小组与符合条件的供应商就采购货物、工程和服务事宜进行磋商，供应商按照磋商文件的要求提交响应文件和报价，采购人从竞争性磋商小组评审后提出的候选供应商名单中确定成交供

---

[①] 本书中所引用的法律、法规、规章及规范性文件，除另有说明外，均适用于在本书中首次出现时标注的文号。

应商的采购方式。竞争性磋商主要适用于：①政府购买服务项目；②因艺术品采购、专利、专有技术或者服务的时间、数量事先不能确定等原因不能事先计算出价格总额的项目；③市场竞争不充分的科研项目以及需要扶持的科技成果转化项目；④按照《招标投标法》及其实施条例必须进行招标的工程建设项目以外的工程建设项目。

竞争性磋商的优点主要体现在其既有公开招标评审的科学性（评审时采用综合评分法），又具有竞争性谈判的竞争性及灵活性；其缺点与竞争性谈判大抵相同，主要体现在磋商过程中容易给参与者或操作人员制造串通舞弊的机会。

## 四、询价

询价是指采购人向符合资格条件的供应商发出采购货物询价通知书，要求供应商一次报出不得更改的价格，采购人从询价小组提出的成交候选人中确定成交供应商的采购方式。询价采购主要适用于采购的货物规格、标准统一、现货货源充足且价格变化幅度小的采购项目。

询价采购的优点主要体现在采购人可灵活组织采购，采购过程简单，且供应商的报价方法简便；其缺点主要体现在程序性规定不强，操作的随意性较大。

## 五、单一来源采购

单一来源采购是指采购人从某一特定供应商处采购货物、工程和服务的采购方式。单一来源采购主要适用于：①只能从唯一供应商处采购的项目；②发生了不可预见的紧急情况不能从其他供应商处采购的项目；③必须保证原有采购项目一致性或者服务配套的要求，需要从原供应商处添购的项目等。

单一来源采购的优点主要体现在只有一家供应商提供资源，有利于促进采购方与供应商建立相互信任、密切合作的战略联盟关系，并以此保证产品的质量，使其更符合企业的经营要求；其缺点主要体现在只有一家供应商缺乏竞争性，限制了企业的采购渠道，当发生不可预见的紧急事件时，企业很难从其他供应商处取得资源。

## 六、总结

采购的方式多种多样，需针对采购项目的特点选择合适的采购方式。在实际采购业务的开展过程中，采购过程产生的成本、采购的风险是采购人员关注的重点，而采购方式与采购过程的成本及风险息息相关。了解各种采购方式的流程及适用范围是选择合适的采购方式的基础，政府采购对各类采购方式的程序及适用范围均有明确的要求，因此，在政府采购中需严格按照政府采购的要求选择采购方式。在企业采购中，在遵循《招标投标法》及其实施条例和相关规章的前提下，采购管理办法及各类采购方式的适用范围与要求由企业自行制定，灵活性较强。因此，如何选择合理的采购方式、降低采购交易过程花费的成本及风险是采购人员需掌握的重要技能之一。

## 第三节　采购活动的当事人

采购活动的当事人是指采购活动中享有权利和承担义务的各类主体。采购活动是采购人与供应商签订合同的过程，合同将确定采购人与供应商双方的权利及义务。因此，采购人和供应商是采购活动中不可缺少的主体。

我国《中华人民共和国政府采购法》（主席令第68号）（以下简称《政府采购法》）中，政府采购当事人是指在政府采购活动中享有权利和承担义务的各类主体，包括采购人、供应商和采购代理机构等。但从广义的角度看，评审专家在采购活动中承担评审的工作，监督人员在采购活动中承担开标、评标等监督工作，因此评审专家与监督人员在采购活动中均享有相应的权利和义务。

采购活动的当事人主要包括采购人、供应商、采购代理机构、评审专家和监督人员等。

### 一、采购人

在我国《政府采购法》中，采购人指依法进行政府采购的国家机关、事业单位、团体组织。根据我国《中华人民共和国宪法》（以下简称《宪法》）规定，国家机关包括国家权力机关、国家行政机关、国家审判机关、国家检察机关、军事机关等。事业单位是指政府为实现特定目的而批准设立的事业法人。团体组织是指各党派及政府批准的社会团体。

在《招标投标法》中，招标人是依照本法规定提出招标项目、进行招标的法人或者其他组织。《中华人民共和国民法总则》（主席令第66号）（以下简称《民法总则》）中，法人是具有民事权利能力和民事行为能力，依法独立享有民事权利和承担民事义务的组织。其他组织是指合法成立，有一定组织机构和财产，但又不具备法人资格的组织，如企业的分支机构、依法登记领取营业执照的合伙组织。

在政府采购中，采购人的采购行为必须符合政府采购相关法律规范的要求，采购决策和实施等必须在《政府采购法》等法律范围内进行。政府采购中的采购人具有较大的行政权力，利用公共资金满足国家机关的需求，因此其决策具有一定的政策性（鼓励节能环保和优待中小企业等），其采购行为和采购过程必须受到新闻媒体和社会公众的监督。企业采购利用的是公司法人财产，以实现企业利润最大化为目的，采购经济效率的提升为其第一要务。

### 二、供应商

供应商是指向采购人提供货物、工程和服务的法人、其他组织或者自然人。在市场经济活动中，供应商不仅包括产品制造商、服务提供者，还包括经销商和其他中介。

采购人通常要求参与采购活动的供应商具备一定的资格条件，政府采购中供应商应具备的资格条件具体如下：①具有独立承担民事责任的能力；②具有良好的商业信誉和健全的财务会计制度；③具有履行合同所必需的设备和专业技术能力；④有依法缴纳税收和社会保障资金的良好记录；⑤参加政府采购活动前三年内，在经营活动中没有重大违法记录；⑥法律、行政法规规定的其他条件。

采购人可以根据采购项目的特殊要求，设定供应商的特定条件，但不得以不合理的条件对供应商实行差别待遇或者歧视待遇。

在企业的生产经营活动中，供应商在企业的研发、生产、运输、营销等活动中都起着举足轻重的作用。因此，采购人应全面考察和分析所选供应商的情况，并与主要供应商建立良好的战略合作伙伴关系，以保证货源的质量和供应的稳定，维护企业的长远利益，促进企业的长足发展。

## 三、代理机构

我国《中华人民共和国政府采购法实施条例》（国务院令第 658 号）（以下简称《政府采购法实施条例》）所称的采购代理机构是指集中采购机构和集中采购机构以外的采购代理机构。集中采购机构是设区的市级以上人民政府依法设立的非营利事业法人，是代理集中采购项目的执行机构。集中采购机构应当根据采购人委托制订集中采购项目的实施方案，明确采购规程，组织政府采购活动，不得将集中采购项目转委托。集中采购机构以外的采购代理机构是从事采购代理业务的社会中介机构。

在《招标投标法》中，招标代理机构是指依法设立，受招标人委托，独立从事招标代理业务的社会中介组织。且规定，招标代理机构需具备以下条件：①有从事招标代理业务的营业场所和相应资金；②有能够编制招标文件和组织评标的相应专业力量。

我国的招标代理机构最初产生于 20 世纪 80 年代初利用世界贷款进行的项目招标，并于 1984 年成立了中国第一家招标代理机构——中国技术进出口总公司，专司国际金融组织和外国政府贷款项目招标公司。随着市场经济体制的逐步完善，相继建立起来的招标代理机构大多拥有专业的高质量人才，积累了丰富的经验，对招标能力不足的项目单位，具有极大的吸引力。2017 年 12 月 28 日，我国取消了工程建设项目招标代理机构资格认定行政审批，此举扩大了招标代理市场的竞争，促进招标代理市场新陈代谢和转型升级，推进招标代理市场供给侧结构性改革。

## 四、评审专家

在政府采购活动中，评审专家是指经省级以上人民政府财政部门选聘，以独立身份参加政府采购评审的人员。其中，非招标采购方式的竞争性谈判、竞争性磋商、询价过程中组建的谈判、磋商或询价小组，一般由采购人代表和评审专家组成，成员人数为 3 人以上单数，且评审专家人数不得少于总成员人数的 2/3。在采购活动中，评审专家应当遵守评审工作纪律，不得泄露评审文件、评审情况和评审中获悉的商业秘密。

招标采购活动的评审专家又称评标专家，是指依法对投标人（供应商）提交的投标文件进行评审的专业人员。在招标采购活动中评标工作由招标人代表与评标专家组成的评标委员会担任，评标委员会对界定投标文件是否合格、响应内容是否符合要求、是否需要举行重新招标等重大事项进行评审并提出建议。依法必须进行招标的项目，其评标委员会由招标人代表和有关技术、经济等方面的专家组成，成员人数为 5 人以上单数，其中技术、经济等方面的专家不得少于成员总数的 2/3。同时，依法必须招标项目的专家应当从事相关领域工作满 8 年并具有高级职称或者具有同等专业水平，由招标人从国务院有关部门或者省、自治区、直辖市人民政府有关部门提供的专家名册或者招标代理机构的专家库内的相关专业的专家名单中确定。一般招标项目可以采取随机抽取方式，特殊招标项目可以由招标人直接确定。

评审时，评审专家应按照采购文件/招标文件的评审方法及标准等要求对供应商/投标人提交的响应文件进行评审。完成评审后，应编制评审报告，推荐合格的成交候选人/中标候选人。一般而言，招标项目中的评标专家必须熟悉招标投标相关法律法规，并具有一定的招标投标实践经验。财政部颁发的《政府采购评审专家管理办法》（财库〔2016〕98 号）对政府采购评审专家的管理进行了规范，国家发展计划委员会、国家经济贸易委员会、建设部、铁道部、交通部、信息产业部、水利部联合制定的《评标委员会和评标方法暂行规定》（国家计委、经贸委等七部令第 12 号）对评标委员会的组成要求和评标活动进行了规范。

## 五、监督人员

监督人员是指在采购活动中对采购活动进行监督检查的相关人员。政府采购中的各级人民财政部门和其他有关部门等可对参加政府采购活动的供应商、采购代理机构、评审专家进行监督，并有权查阅相关文件对采购活动进行监督检查。同时审计机关、监察机关以及其他有关部门在依法对政府采购活动实施监督中，发现采购当事人有违法行为的将通报财政部门。在企业采购中，一般由公司内部审计法务或纪检监察等人员结合国家相关法律法规及公司内部制定的管理制度对采购活动实施监督，如开标、评审等过程，以确保采购活动过程的合法合规。

## 第四节　实战演练

1. 货物规格、标准统一、现货货源充足且价格变化幅度小的采购项目，一般采用哪种采购方式进行采购？

2. 政府采购中，有哪几种采购方式？其中，政府采购主要的采购方式是什么？

3. 采购活动的当事人一般有哪些？

# 第二章　电子招标投标系统

◇ **学习导航**

　　掌握电子招标投标的基本概念

　　掌握电子招标投标三大平台的作用

◇ **教学建议**

　　备课要点：电子招标投标定义的理解、电子招标投标交易平台的作用、行政监督平台的作用、公共服务平台的作用

　　教授方法：讲授、启发式

　　扩展知识领域：电子化采购给采购活动带来的影响

## 第一节　电子招标投标的概念

在《电子招标投标办法》（国家发展改革委等八部委令第 20 号）的定义中，电子招标投标是指以数据电文形式，依托电子招标投标系统完成的全部或者部分招标投标交易、公共服务和行政监督活动。其中，定义所称的数据电文是指以电子、光学、磁或者类似手段生成、发送、接收或者储存的信息。

电子招标投标是招标投标领域改革创新的内在要求和互联网技术发展的必然趋势，对于提高采购透明度、节约资源和降低交易成本、促进政府职能转变等具有非常重要的意义。1999 年，在外经贸纺织品配额招标项目中，我国首次使用了电子招标的方式。而自首次使用电子招标方式以来，电子招标投标取得了飞跃式的发展，制度规范日益健全，应用范围更加广泛。

## 第二节　电子招标投标系统的概念

电子招标投标系统是指按照法律法规相关要求建设和运营，由软件、硬件及软、硬件的组合产品所组成的电子招标投标交易平台、公共服务平台和行政监督平台。根据功能的不同，电子招标投标系统划分为交易平台、公共服务平台、行政监督平台。三大平台的功能及架构如图 2－1 所示。

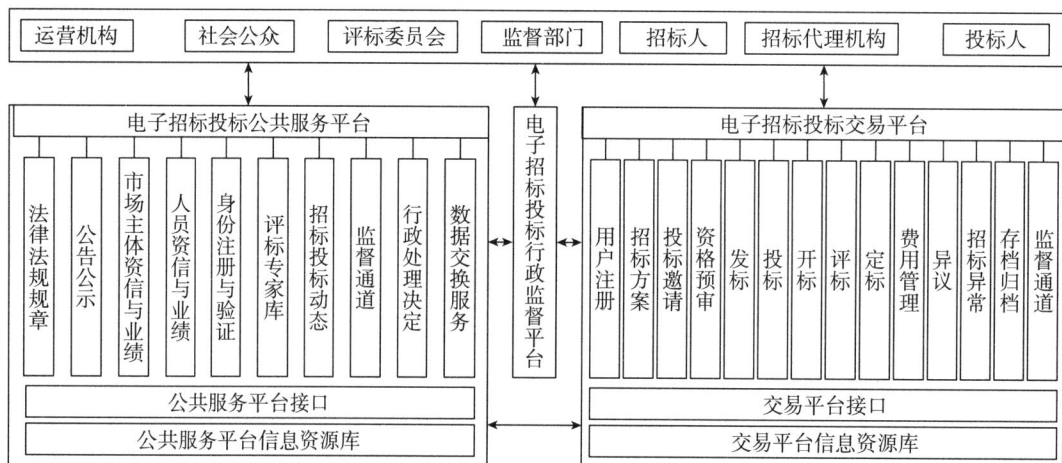

**图 2－1　三大平台功能及架构**

## 一、电子招标投标交易平台

电子招标投标交易平台是指以数据电文形式完成招标投标交易活动的信息平台。交易平台需具备在线完成招标投标全部交易过程，编辑、生成、对接、交换和发布有关招标投标数据信息，为行政监督部门和监察机关依法实施监督、监察和受理投诉提供所需的信息通道等主要功能。同时，电子招标投标交易平台还允许社会公众、市场主体免费注册登录和获取依法公开的招标投标信息，为招标投标活动当事人、行政监督部门和监察机关按各自职责和注册权限登录使用交易平台提供必要条件。

为规范电子招标投标行为，我国电子招标投标交易平台需按照标准统一、互联互通、公开透明、安全高效的原则以及市场化、专业化、集约化方向建设和运营。同时，电子招标投标交易平台运营机构不得以任何手段限制或者排斥潜在投标人，不得泄露依法应当保密的信息，不得弄虚作假、串通投标或者为弄虚作假、串通投标提供便利。

## 二、电子招标投标公共服务平台

公共服务平台是指满足交易平台之间信息交换、资源共享需要，并为市场主体、行政监督部门和社会公众提供信息服务的信息平台。公共服务平台需具备招标投标相关信息对接交换、发布、资格信誉和业绩验证、行业统计分析、连接评标专家库、提供行政监督通道等主要的服务功能。同时，电子招标投标公共服务平台允许社会公众、市场主体免费注册登录和获取依法公开的招标投标信息，为招标人、投标人、行政监督部门和监察机关按各自职责和注册权限登录使用公共服务平台提供必要条件。

为体现公共服务平台的公益性原则，公共服务平台上属于依法必须公开的信息，平台无偿提供。同时，设区的市级以上人民政府发展改革部门会同有关部门，按照政府主导、共建共享、公益服务的原则，推动建立本地区统一的电子招标投标公共服务平台，为电子招标投标交易平台、招标投标活动当事人、社会公众和行政监督部门、监察机关提供信息服务。

## 三、电子招标投标监督平台

电子招标投标监督平台是指行政监督部门和监察机关在线监督电子招标投标活动并与交易平台、公共服务平台对接交换相关监督信息的信息平台。行政监督部门、监察机关结合电子政务建设，提升电子招标投标监督能力，依法设置并公布有关法律法规规章、行政监督的依据、职责权限、监督环节、程序和时限、信息交换要求和联系方式等相关内容。同时，电子招标投标活动及相关主体均应当自觉接受行政监督部门、监察机关依法实施的监督、监察。

为体现监督平台的监督性质，行政监督部门、行政监察部门在执法中通过其平台发出的行政指令，如责令暂停等指令通过监督平台发出，要求招标投标活动当事人和电子招标投标交易平台、公共服务平台的运营机构执行。

## 第三节 电子招标投标相关术语

电子开标是指通过交易平台在线完成投标文件拆封解密、展示唱标内容并形成开标记录的工作程序。

电子签名是指运用电子密码技术，在数据电文中以电子形式所含用于识别签名人身份并表明签名人认可其中内容的数据。

电子印章是指模拟在纸质文件上加盖传统实物印章的外观和方式进行电子签名的形式。

电子签到是指参与电子开标活动的相关人员通过交易平台完成签名报到并形成电子记录文档的工作。

电子评标是指招标项目评标委员会通过交易平台的电子评标系统，按照招标文件约定的评标标准和方法，对电子投标文件评审，并形成评标报告电子文件的工作程序。

CA证书是指经过有关部门认可的电子认证服务机构基于PKI技术签发、认证和管理的数字证书。CA证书具有数据电文交换中身份识别、电子签名、加密解密等功能。CA证书主要内容包括证书服务机构的名称、证书持有人的名称及其签名验证数据、证书序列号、有效期、服务机构签名等。

## 第四节 电子招标投标系统的检测认证

电子招标投标系统是管理与信息技术结合的产物，其开发和运营不仅要符合相关的法律规定，还要符合具体的标准规范和技术指标，因此，国家有关部门研究制定了《电子招标投标系统检测认证管理办法》（国认证联〔2015〕53号），确定采用具备相应能力的第三方专业技术机构对电子招标投标系统进行检测和认证，利用市场化、专业化的手段确保电子招标投标系统的规范和质量。

检测认证是指基于实验室依照相关要求对电子招标投标系统进行符合性检测结果，由第三方认证机构评价和证明电子招标投标系统能持续符合相关要求的合格评定活动。其中，实验室应当依法经过资质认定，符合《检验检测机构资质认定评审准则》（国认实〔2016〕33号）的要求，并具备从事招标投标系统检测工作的相关技术能力。实验室检测人员应当通过专业能力培训，掌握招标投标系统相关的标准、技术要求和认证规则要求，具备招标投标系统检测能力。认证机构应在其网站上公布与其签约且符合上述要求的招标投标系统检测实验室名录，并交互至国家电子招标投标公共服务平台。

## 第五节　实战演练

1. 根据功能的不同，电子招标投标系统可分为哪几类平台？
2. 交易平台应具备哪些主要的功能？
3. CA 证书的主要内容包括哪些？

# 第三章　招标采购操作实务

◇　**学习导航**

　　掌握招标采购的流程

　　掌握招标采购活动中各环节涉及的法律法规

◇　**教学建议**

　　备课要点：招标采购的操作实务、招标采购活动中法律法规的理解

　　教授方法：讲授、系统实操、启发式

　　扩展知识领域：如何进行评标专家库管理

立体化教材——操作教学视频

# 第一节　招标采购简要流程

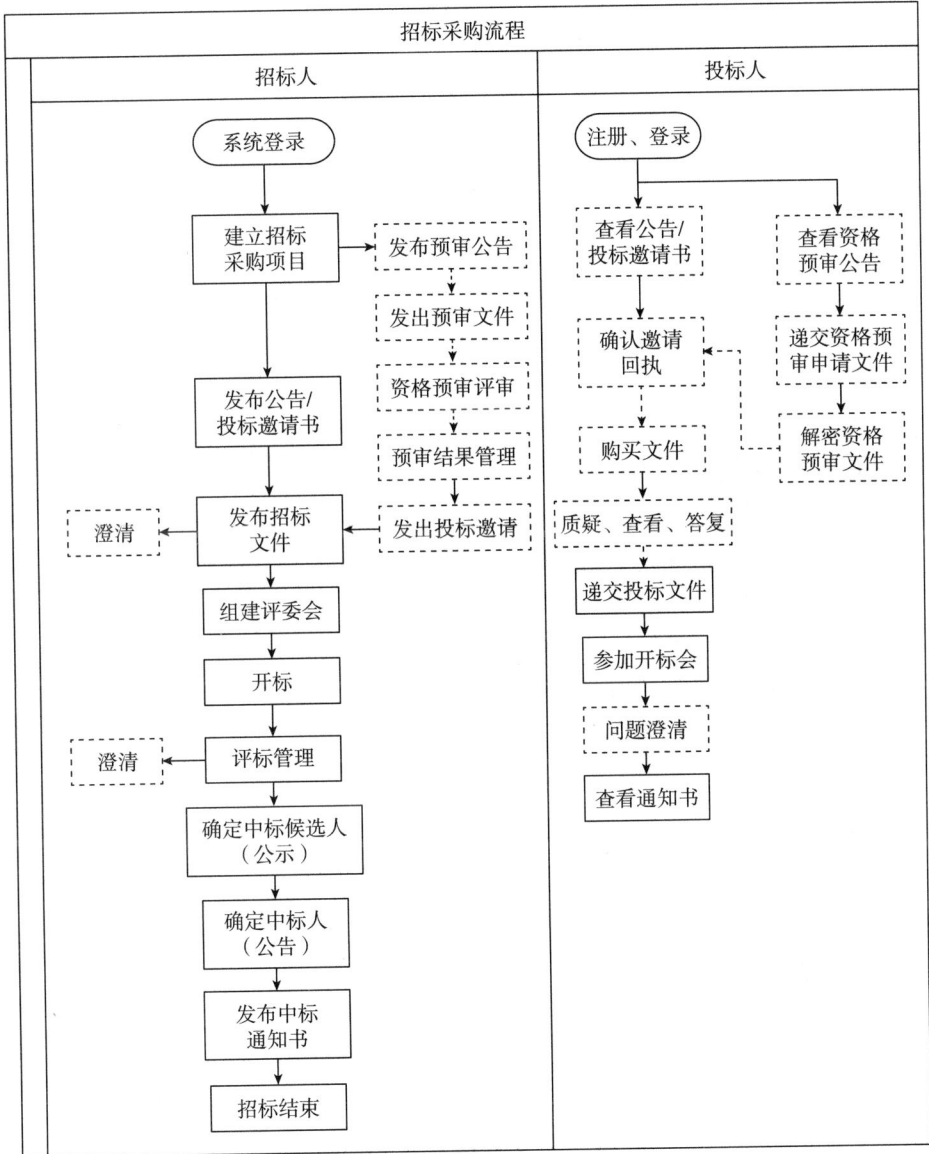

| 招标采购流程 | |
|---|---|
| 招标人 | 投标人 |

```
招标人                                          投标人

  ( 系统登录 )                            ( 注册、登录 )
      ↓                                ↙         ↘
┌──────────┐   ┌──────────┐      ┌──────────┐   ┌──────────┐
│ 建立招标 │──→│ 发布预审公告│      │ 查看公告/ │   │ 查看资格 │
│ 采购项目 │   └──────────┘      │ 投标邀请书│   │ 预审公告 │
└──────────┘        ↓           └──────────┘   └──────────┘
      ↓        ┌──────────┐           ↓             ↓
      ↓        │ 发出预审文件│      ┌──────────┐   ┌──────────┐
      ↓        └──────────┘      │ 确认邀请 │   │ 递交资格预│
      ↓             ↓           │ 回执    │   │ 审申请文件│
┌──────────┐   ┌──────────┐      └──────────┘   └──────────┘
│ 发布公告/ │   │ 资格预审评审│           ↓             ↓
│ 投标邀请书│   └──────────┘      ┌──────────┐   ┌──────────┐
└──────────┘        ↓           │ 购买文件 │   │ 解密资格 │
      ↓        ┌──────────┐      └──────────┘   │ 预审文件 │
      ↓        │ 预审结果管理│           ↓       └──────────┘
      ↓        └──────────┘      ┌──────────┐
┌──────┐ ┌──────────┐ ┌────────┐ │ 质疑、查看、│
│ 澄清 │←│ 发布招标 │←│发出投标│ │ 答复    │
└──────┘ │ 文件    │ │ 邀请   │ └──────────┘
         └──────────┘ └────────┘      ↓
              ↓                  ┌──────────┐
         ┌──────────┐            │ 递交投标文件│
         │ 组建评委会│            └──────────┘
         └──────────┘                 ↓
              ↓                  ┌──────────┐
         ┌──────────┐            │ 参加开标会│
         │ 开标    │            └──────────┘
         └──────────┘                 ↓
              ↓                  ┌──────────┐
┌──────┐ ┌──────────┐            │ 问题澄清 │
│ 澄清 │←│ 评标管理 │            └──────────┘
└──────┘ └──────────┘                 ↓
              ↓                  ┌──────────┐
         ┌──────────┐            │ 查看通知书│
         │ 确定中标候选人│        └──────────┘
         │ （公示）│
         └──────────┘
              ↓
         ┌──────────┐
         │ 确定中标人│
         │ （公告）│
         └──────────┘
              ↓
         ┌──────────┐
         │ 发布中标 │
         │ 通知书   │
         └──────────┘
              ↓
         ┌──────────┐
         │ 招标结束 │
         └──────────┘
```

## 第二节 招标采购流程操作实务

### 一、系统登录

进入任意浏览器，在网址栏输入指定地址，进入电子招标投标交易平台，选择【密码登录】登录演示专用账号，如图 3 – 1 所示。

**图 3 – 1 系统登录页面**

### 二、建立招标项目

1. 相关法律

《招标投标法》

第三条 在中华人民共和国境内进行下列工程建设项目包括项目的勘察、设计、施工、监理以及与工程建设有关的重要设备、材料等的采购，必须进行招标：

（一）大型基础设施、公用事业等关系社会公共利益、公众安全的项目；

（二）全部或者部分使用国有资金投资或者国家融资的项目；

（三）使用国际组织或者外国政府贷款、援助资金的项目。

前款所列项目的具体范围和规模标准，由国务院发展计划部门会同国务院有关部门制订，报国务院批准。

法律或者国务院对必须进行招标的其他项目的范围有规定的，依照其规定。

2. 操作流程

【采购方案】—【采购立项】—【添加项目】—【确定】—【保存】—【提交审批】—【项目已生效】

3. 操作步骤

（1）点击菜单栏中的【采购方案】，出现隐藏菜单，如图 3 – 2 所示。

**图 3 – 2　建立采购项目页面——招标**

（2）点击【采购立项】进入查询采购立项页面，点击【添加项目】，如图 3 – 3 所示，建立招标采购项目。

**图 3 – 3　查询采购立项页面——招标**

（3）进入项目基本信息页面，如图 3 – 4 所示，"＊"为必填项，选择"政府采购"及"招标"即为建立招标采购项目，点击【确认】即进入基本信息页面，根据要求填制即可。

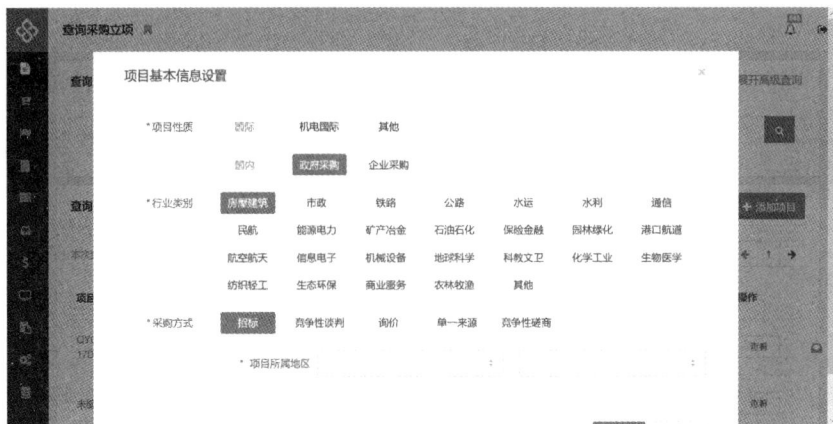

图 3-4 项目基本信息设置页面——招标

（4）在流程参数板块中可对各个流程参数进行选择，选择不同的流程控制参数将对应不同的招标采购流程。其中，招标方式分为公开和邀请，公开招标为邀请不特定的投标人参与投标，邀请招标为邀请特定的投标人参与投标。若招标方式选择公开，在系统中需选择资格审查方式，资格审查方式有预审和后审，如图 3-5 所示。资格预审是指在投标前对潜在投标人进行的资格审查；资格后审是指在开标后对投标人进行的资格审查。若招标方式选择邀请，则默认的资格审查方式为后审，如图 3-6 所示。

（5）根据实际情况及要求填制完成后，点击【保存】可对项目信息进行保存；点击【提交审批】后项目即可交由审批人员审批。

（6）项目审批时可选择审批人员，如图 3-7 所示，左边长框选择"审批待选人员"，点击箭头添加至右边"已选审批人员"，点击【提交】，项目才能完成【提交审批】过程。

图 3-5 建项选择公开招标页面

**图 3 − 6　建项选择邀请招标页面**

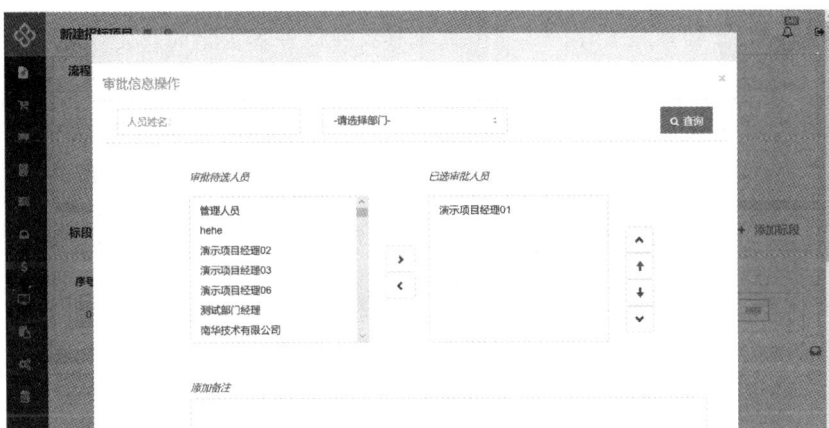

**图 3 − 7　建项审批信息操作页面——招标**

（7）审批通过后，点击菜单栏中的【采购立项】，进入采购立项查询页面，标段（包）状态为"已生效"时则成功建立招标采购项目，如图 3 − 8 所示。

**图 3 − 8　审批通过后采购立项查询页面——招标**

提示：

（1）出现灰色长框，为客观选择项，点击长框左侧放大镜，根据要求查询并选中所需选项，点击【选择】，完成操作。

（2）在查询采购立项页面，审批过程中可点击【明细】，查看审批进度及审批人员。

（3）为提高教学的便捷性，本书中所有演示的审批操作建议选择当前项目经理为审批人员。

## 三、资格预审公告的编制与发布

1. 相关法律

《中华人民共和国招标投标法实施条例》（国务院令第 613 号）（以下简称《招标投标法实施条例》）

第十五条 公开招标的项目，应当依照招标投标法和本条例的规定发布招标公告、编制招标文件。招标人可以采用资格预审办法对潜在投标人进行资格审查的，应当发布资格预审公告、编制资格预审文件。依法必须进行招标的项目的资格预审公告和招标公告，应当在国务院发展改革部门依法指定的媒介发布。在不同媒介发布的同一招标项目的资格预审公告或者招标公告的内容应当一致。指定媒介发布依法必须进行招标的项目的境内资格预审公告、招标公告，不得收取费用。

第十六条 招标人应当按照资格预审公告、招标公告或者投标邀请书规定时间、地点发售资格预审文件或者招标文件。资格预审文件或者招标文件的发售期不得少于 5 日。招标人发售资格预审文件、招标文件收取的费用应当限于补偿印刷、邮寄的成本支出，不得以营利为目的。

第十七条 招标人应当合理确定提交资格预审申请文件的时间。依法必须进行招标的项目提交资格预审申请文件的时间，自资格预审文件停止发售之日起不得少于 5 日。

《招标公告和公示信息发布管理办法》（国家发展改革委令第 10 号）

第五条 依法必须招标项目的资格预审公告和招标公告，应当载明以下内容：

（一）招标项目名称、内容、范围、规模、资金来源；

（二）投标资格能力要求，以及是否接受联合体投标；

（三）获取资格预审文件或招标文件的时间、方式；

（四）递交资格预审文件或投标文件的截止时间、方式；

（五）招标人及其招标代理机构的名称、地址、联系人及联系方式；

（六）采用电子招标投标方式的，潜在投标人访问电子招标投标交易平台的网址和方法；

（七）其他依法应当载明的内容。

《电子招标投标办法》

第十七条 招标人或者其委托的招标代理机构应当在资格预审公告、招标公告或者投标邀请书中载明潜在投标人访问电子招标投标交易平台的网络地址和方法。依法必须进行公开招标项目的上述相关公告应当在电子招标投标交易平台和国家指定的招标公告媒介同步发布。

2. 操作流程

【政府采购】—【招标项目】—【主控台】—【预审公告编辑】—【保存】—【提交审批】—【审批通过】—【发布公告】

3. 操作步骤

（1）建立招标项目时，若选择资格预审方式，则需发布预审公告。点击菜单栏中的【政府采购】下的【招标项目】，进入招标项目查询页面，选择已建立的招标项目，如图3-9所示。

**图 3-9　查询招标项目页面——招标预审**

（2）点击项目下的【主控台】，进入主控台页面，如图3-10所示，点击【预审公告编辑】，需填写资格预审文件下载/发售开始时间（需购买文件时则为发售时间）、结束时间、公告内容等信息，其中各个时间点的约束将影响后续的操作，如投标人只能在文件下载/发售时间内下载/购买文件。完成公告编辑后，如图3-11所示，点击【保存】可对公告信息进行保存；点击购买【提交审批】，公告即可交由审批人员审批。

**图 3-10　项目主控台页面——预审公告编辑**

图3-11 编辑招标预审公告页面

（3）审批通过后，进入采购立项查询页面；点击【主控台】中【预审公告发布】，进入发布预审公告页面，如图3-12所示；查看信息无误后，点击【发布】，公告即可成功发布。

图3-12 项目主控台页面——预审公告发布

## 四、资格预审文件的编制与发布

1. 相关法律

《招标投标法实施条例》

第二十一条 招标人可以对已发出的资格预审文件或者招标文件进行必要的澄清或者修改。澄清或者修改的内容可能影响资格预审申请文件或者投标文件编制的，招标人应当在提交资格预审申请文件截止时间至少3日前，或者投标截止时间至少15日前，以书面形式通知所有获取资格预审文件或者招标文件的潜在投标人；不足3日或者15日的，招标人应当顺延提交资格预审申请文件或者投标文件的截止时间。

2. 操作流程

【政府采购】—【招标项目】—【主控台】—【资格预审文件管理】—【设置评审方法】—【提交】—【编辑文件】—【提交】—【编制专用表单】—【新建我的表单】—【保存】—【生效】—【完成】—【评审条款编制】—【完成】—【生成数据包】—【生效】—【预审文件发出】—【全部发出】

3. 操作步骤

（1）点击菜单栏中的【政府采购】下的【招标项目】，进入招标项目查询页面，选择已建立的招标项目，点击项目下的【主控台】，进入主控台页面，如图 3 - 13 所示。

**图 3 - 13　项目主控台页面——资格预审文件管理**

（2）点击【资格预审文件管理】，进入文件管理页面，如图 3 - 14 所示。按顺序操作，需设置评审方法、上传预审文件、编制专用表单，生成数据包。具体操作如下：

**图 3 - 14　资格预审文件编制页面**

1）设置评审方法。点击【设置评审方法】，如图 3 - 15 所示，资格预审评审有合格制和有限数量制两种评审方法可供选择。合格制是指报名单位只要符合资格预审要求则入围；有限数量制是指报名单位首先必须满足资格预审所提出的要求，在这个基础上如果符合条件的报名单位少于等于限定名额，则全部入围；如果符合条件的报名单位多于限定名额，通常可以采取抽签或者对资质进行评比打分的办法决定最终入围名单。若选择有限数量制则需设置通过预审申请的最大人数。

**图 3 - 15　设置评审方法页面——招标预审**

2）编辑文件。点击文件管理—查询页面中的【编辑文件】图标，进入文件管理—新增页面，如图 3 - 16 所示；在新增页面中，需上传预审文件并确定预审文件下载（发售）时间和递交截止及开启时间，若预审公告已编制完成则下载（发售）时间和递交截止及开启时间默认自动从公告中带出。页面内容填写完成后点击【提交】即可完成预审文件编辑。

**图 3 - 16　文件管理—新增页面——招标预审**

3）项目专用表单编制。项目专用表单是指招标投标过程中常用的业务表单，如开标一览表（开标后唱标的内容即为开标一览表的内容，为投标文件的主要信息，如投标人名称、投标报价、交货期等信息）、分项报价表（用于对投标总报价的组成进行说明）、技术参数表、商务参数表等。

点击文件管理—查询页面中的【表单编制】图标，进入项目专用表单管理页面，如图 3 - 17 所示；点击【新建我的表单】，进入表单信息页面，如图 3 - 18 所示。当新建表单时需填写表单名称，选择表单类型。可供选择的表单类型有开标一览表、分项报价表、技术参数表等，在资格预审的专用表单中不得设置价格的开标一览表（预审主要是对投标人的资格条件进行审查，不涉及报价信息）；在完成表单信息的填写后，点击【确定】进入编辑项目专用表单页面，在该页面中可自定义设置表单，如图 3 - 19 所示；完成项目专用表单编辑后，点击【生效】回到项目专用表单管理页面，如图 3 - 20 所示；点击【完成】即可完成项目表单编制部分。

　　本部分也可以选择【从表单库中引用】或【复制历史项目表单】，即可将表单库中建立好的表单模板或者历史项目中使用的表单直接引用，无须重新编制。

　　（注：前提是表单库或历史项目中具备可引用的表单。）

　　4）评审条款编制。评审条款是专家评审过程的依据，即专家必须依照资格预审文件中设置的评审条款对投标人的文件进行评审。点击文件管理—查询页面中的【评标条款编制】图标，进入评审条款设定页面，选择评分原则，如图 3 - 21 所示；选择评分原则后进行评审条款的设定，可新增评审阶段（如初步评审阶段）、评审节点（如商务评审）、设定评审条款，如图 3 - 22 所示，点击【完成】即可完成评审条款编制部分。

**图 3 - 17　专用表单管理页面——招标预审**

**图 3 - 18　表单信息页面——招标预审**

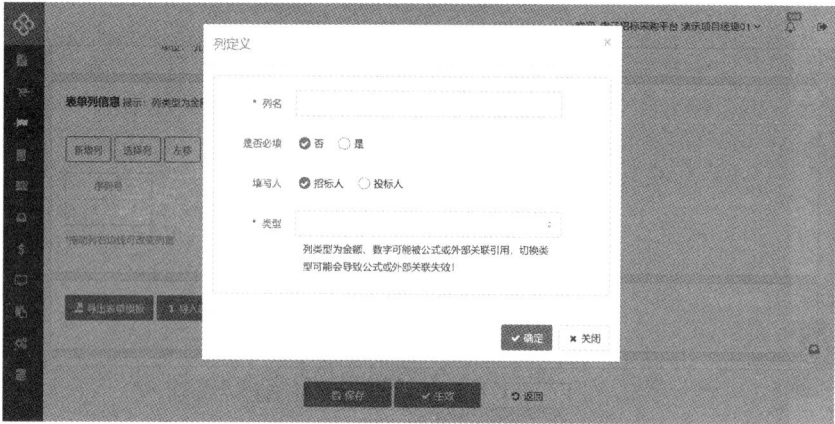

**图 3 - 19　编辑专用表单页面——招标预审**

**图 3 - 20　专用表单管理页面——招标预审**

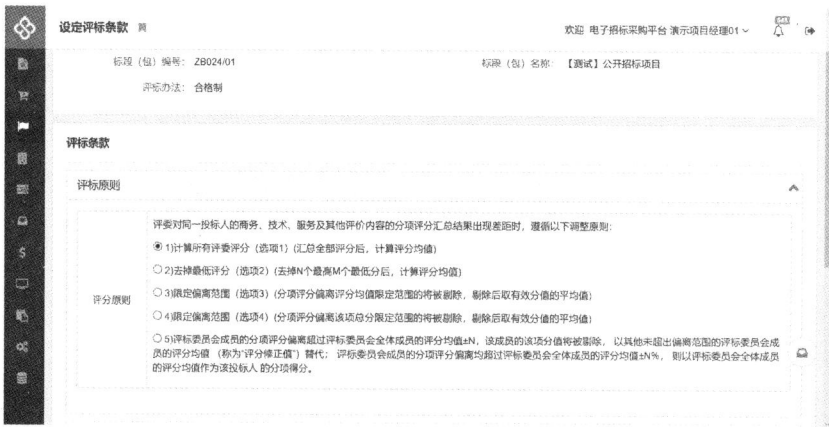

**图 3 - 21　选择评分原则页面——招标预审**

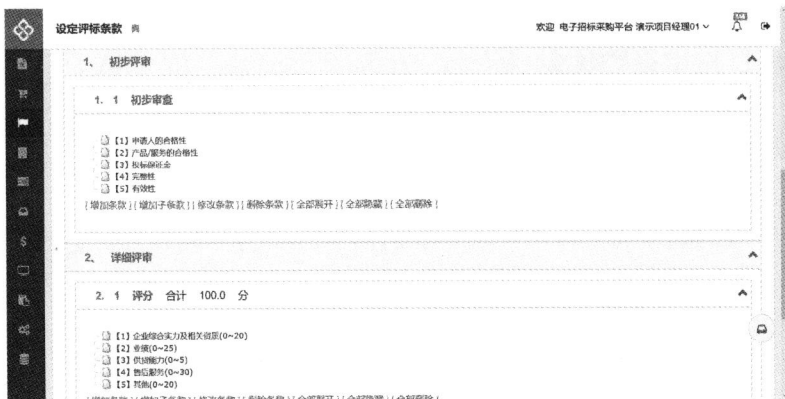

**图3-22　评审条款设定页面——招标预审**

完成编辑文件、项目专用表单编制、评审条款编制后，回到文件管理—查询页面，如图3-23所示。

**图3-23　文件管理—查询页面——招标预审**

点击【下载数据包】图标，完成数据包下载；再点击【生效】则完成预审文件编辑。点击【保存】可对文件信息进行保存；点击【提交审批】可将资格预审文件提交至审批人员审批。

（3）审批通过后，项目主控台页面如图3-24所示，点击【资格预审文件发出】进入资格预审文件发出页面，点击【全部发出】即完成资格预审文件发出。

**图3-24　项目主控台页面——资格预审文件发出**

### 五、组建资格审查委员会

1. 相关法律

《招标投标法实施条例》

第十八条　资格预审应当按照资格预审文件载明的标准和方法进行。

国有资金占控股或者主导地位的依法必须进行招标的项目，招标人应当组建资格审查委员会审查资格预审申请文件。资格审查委员会及其成员应当遵守招标投标法和本条例有关评标委员会及其成员的规定。

2. 操作流程

【政府采购】—【招标项目】—【主控台】—【资格审查委员会组建】—【保存】—【确定】—【综合办公】—【专家抽取】—【资格预审评委会】—【组建预审评委会】—【抽取评委专家】—【抽取】—【选中】—【保存】—【提交审批】

3. 操作步骤

（1）招标人或招标代理机构应当组建资格预审委员会对资格预审申请文件进行审查。点击菜单栏【政府采购】中的【招标项目】，进入招标项目查询页面选择已建立的招标项目，点击项目后的【主控台】进入主控台页面。点击【资格审查委员会组建】进入申请评委会页面，此页面需填写组建评委会方式、评标专家人数、招标人代表人数等，如图3－25所示。

图3－25　申请评委会页面（1）——招标预审

（2）若组建预审评委会方式选择随机抽取，则需添加抽取条件；若选择直接指定或外部平台抽取，则需选择评委会成员相关信息。示例操作中将以随机抽取的方式组建资格预审评委会，如图3－26所示。

（3）若选择随机抽取，则需专家抽取专员进行抽取。项目经理填写的抽取申请信息提交至专家抽取专员，抽取专员需从【综合办公】的【专家抽取】菜单中进入【资格预审评委会】页面，选择需组建资格审查评委会的项目，点击【组建预审评委会】查看并保存评委会主信息后进入抽取专家页面，点击【抽取】进行专家的随机抽取工作，如图3－27所示。

（注：为便于操作，抽取专员的操作权限直接赋予项目经理，即项目经理可进行抽取专员的操作。）

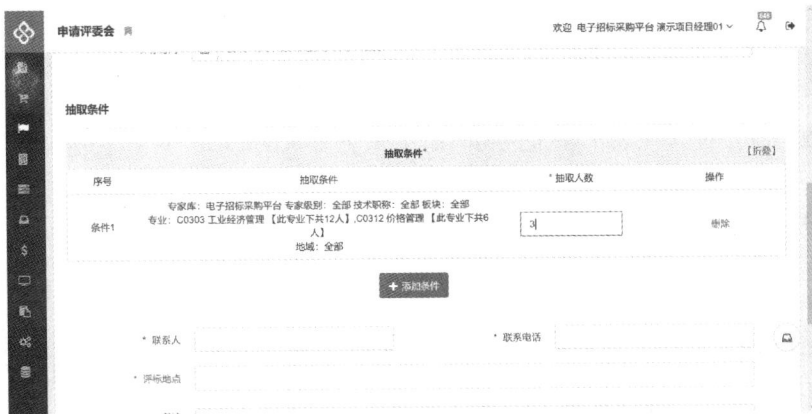

**图 3 – 26　申请评委会页面（2）——招标预审**

**图 3 – 27　抽取评标专家页面——招标预审**

（4）完成资格审查委员会抽取后，在处理结果中选中需要的专家，点击【保存】可对抽取的专家信息进行保存，如图 3 – 28 所示；点击【提交审批】后抽取结果即可交由审批人员审批。

**图 3 – 28　抽取评标专家页面——招标预审**

（5）审批通过后，资格审查委员会页面中该项目组建资格审查委员会的状态为"已完成"。

**提示：**

按照《招标投标法实施条例》第十八条，资格审查委员会及其成员应当遵守《招标投标法》和本条例有关评标委员会及其成员的规定，因此资格审查委员会成员人数应为5人以上单数，且招标人代表不多于资格审查委员会人数的1/3，专家不得少于总数的2/3。

## 六、开启资格预审解密

1. 操作流程

【政府采购】—【招标项目】—【主控台】—【资格预审申请文件开启解密】—【开启】—【确定】—【生成开启记录表】—【开启结束】

2. 操作步骤

（1）当资格预审申请文件递交截止时间已到时，可以对资格预审申请文件进行开启解密，此步骤等同于传统模式下的拆封标书环节。项目经理（招标人或招标代理机构）和所有资格预审申请人应当参与该环节。同时，在截止时间之前，应当有足够数量的潜在申请人（投标人账号）递交了资格预审申请文件，否则无法进行解密。

点击菜单栏中【政府采购】下的【招标项目】进入招标项目查询页面，选择已建立的招标项目，点击项目下的【主控台】进入主控台页面，如图3-29所示，点击【资格预审申请文件开启解密】进入资格预审申请文件开启解密页面。

图3-29 项目主控台页面——资格预审申请文件开启解密

（2）如图3-30所示，资格预审申请文件开启解密页面，当开启倒计时结束时即可进行开启工作，点击【开启】后，需要投标人对其资格预审申请文件进行解密。

图 3-30　资格预审申请文件开启解密页面——待开启

（3）所有投标人完成资格预审申请文件的解密后，主控台页面如图 3-31 所示，进入资格预审申请文件开启与解密页面，点击【生成开启记录表】系统将自动生成开启记录表，如图 3-32 所示；待投标人确认后可直接点击【开启结束】完成资格预审申请文件的开启与解密工作。

图 3-31　项目主控台页面——资格预审申请文件解密完成

图 3-32　资格预审申请文件开启解密页面——待生成开启记录表

提示：

资格预审申请文件递交截止时间及开启时间到达时，才可在系统中进行资格预审申请文件开启及解密的操作。

## 七、资格预审评审管理

1. 操作流程

【政府采购】—【招标项目】—【主控台】—【资格审查准备】—【启动评标】—【评标管理】—【初步评审待汇总】—【汇总】—【详细评审待汇总】—【汇总】—【待确认】—【待生成】—【待生成】—【结束评标】

2. 操作步骤

（1）资格预审申请文件开启解密完成即可进入评审环节。资格审查委员会的专家成员需登录各自账号对申请文件进行评审。项目经理应做好评审准备工作，协助专家完成评审，汇总各节点分数，生成评审报告等。

在菜单栏中【政府采购】下的【招标项目】查询到需操作的项目，点击【主控台】进入项目主控台页面，如图 3-33 所示；再点击【资格审查准备】进入资格预审评审准备页面，如图 3-34 所示；需填写预审评标组长、监标人、是否分配评标节点等信息，若设置预审评标组长，则汇总工作可由项目经理或评标组长完成；若分配预审评标节点，则专家根据分配的评标节点进行评审；点击【启动评标】后，专家可登录系统进行评审工作。

**图 3-33　项目主控台页面——资格审查准备**

**图 3-34　评标准备页面——招标资格预审**

（2）进入项目主控台页面，点击【评标管理】进入评审管理页面；当所有专家初步评审完毕，可进行汇总操作，如图3-35所示；点击初步评审下的【待汇总】进入初步评审的汇总页面，如图3-36所示；查看汇总初步评审信息后，点击【汇总】则完成汇总工作。

**图3-35　初步评审汇总管理页面——招标资格预审**

**图3-36　初步评审汇总页面——招标资格预审**

（3）初步评审完成后，专家可进行详细评审。当所有专家完成详细评审时，点击评审管理页面中"详细评审"列表下方的【待汇总】，如图3-37所示，查看汇总信息，点击【汇总】则完成汇总工作，如图3-38所示。

（4）所有评审节点汇总结束后，点击评审管理页面下方的"评审汇总"选项右侧的【待确认】，如图3-39所示；进入页面确认信息无误后，点击【汇总全部完成】后点击【确定】则完成评审汇总确认工作，如图3-40所示。

图 3 – 37　详细评审汇总管理页面——招标资格预审

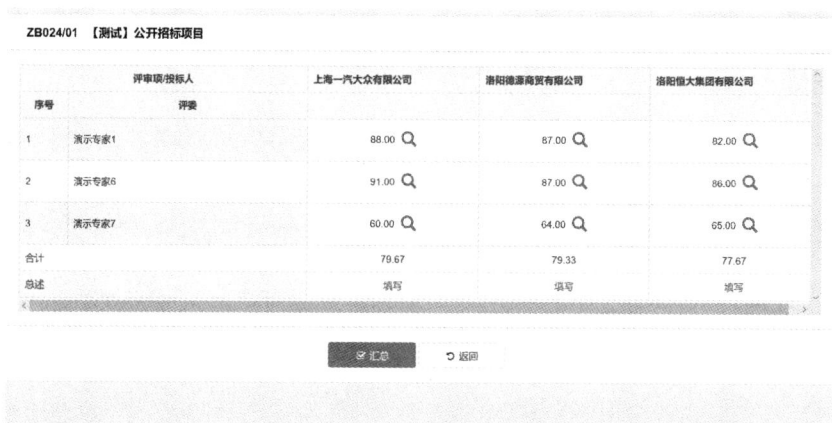

图 3 – 38　详细评审汇总页面——招标资格预审

图 3 – 39　评审汇总待确认管理页面——招标资格预审

图 3 - 40　评审汇总确认页面——招标资格预审

（5）评审汇总完成后，点击评审管理页面下方的"评审表格"选项右侧的【待生成】，如图 3 - 41 所示；点击【生成】后，系统可自动生成综合评审表格，如图 3 - 42 所示；项目经理可对自动生成综合评审表格进行相应调整，再将调整后的综合评审表格上传至系统，点击【完成】则综合评审表格生成工作已完成。

图 3 - 41　评审表格待生成管理页面——招标资格预审

图 3 - 42　评审表格生成页面——招标资格预审

（6）评审表格生成后，点击评审管理页面下方的"评审报告、监督报告"选项右侧的【待生成】，如图3－43所示；点击【生成】后，系统可自动生成综合评审报告和监督报告，如图3－44所示；项目经理可将报告重新调整重新上传至系统，点击【保存】则完成评审报告和监督报告的生成工作。

**图3－43　评审报告待生成页面——招标资格预审**

**图3－44　评审报告生成页面——招标资格预审**

（7）评审汇总、评审表格生成、评审报告生成后，点击【结束评标】可结束资格预审的评审。

## 八、预审结果管理

1. 相关法律

《招标投标法实施条例》

第十九条　资格预审结束后，招标人应当及时向资格预审申请人发出资格预审结果通知书。未通过资格预审的申请人不具有投标资格。通过资格预审的申请人少于3个的，应当重新招标。

2. 操作流程

【政府采购】—【招标项目】—【主控台】—【预审结果管理】—【完成】

### 3. 操作步骤

点击菜单栏中【政府采购】下的【招标项目】，进入招标项目查询页面，选择已建立的招标项目，点击项目下的【主控台】进入主控台页面，点击【预审结果管理】进入资格预审结果管理页面，如图 3 - 45 所示，进入资格预审结果管理页面确定资格预审结果后，点击【完成】则完成预审结果的确定，如图 3 - 46 所示。资格预审结果管理中，合格的投标人将参与后续的投标工作。

**图 3 - 45　项目主控台页面——预审结果管理**

**图 3 - 46　预审结果确定页面**

## 九、招标公告的编制与发布

### 1. 相关法律

《招标投标法》

第二十四条　招标人应当确定投标人编制投标文件所需要的合理时间；但是，依法必须进行招标的项目，自招标文件开始发出之日起至投标人提交投标文件截止之日止，最短不得少于二十日。

《招标投标法实施条例》

第十六条 招标人应当按照资格预审公告、招标公告或者投标邀请书规定的时间、地点发售资格预审文件或者招标文件。资格预审文件或者招标文件的发售期不得少于5日。

《招标公告和公示信息发布管理办法》

第八条 依法必须招标项目的招标公告和公示信息应当在"中国招标投标公共服务平台"或者项目所在地省级电子招标投标公共服务平台（以下统一简称"发布媒介"）发布。

第十一条 依法必须招标项目的招标公告和公示信息鼓励通过电子招标投标交易平台录入后交互至发布媒介核验发布，也可以直接通过发布媒介录入并核验发布。

按照电子招标投标有关数据规范要求交互招标公告和公示信息文本的，发布媒介应当自收到起12小时内发布。采用电子邮件、电子介质、传真、纸质文本等其他形式提交或者直接录入招标公告和公示信息文本的，发布媒介应当自核验确认起1个工作日内发布。核验确认最长不得超过3个工作日。

招标人或其招标代理机构应当对其提供的招标公告和公示信息的真实性、准确性、合法性负责。发布媒介和电子招标投标交易平台应当对所发布的招标公告和公示信息的及时性、完整性负责。

发布媒介应当按照规定采取有效措施，确保发布招标公告和公示信息的数据电文不被篡改、不遗漏和至少10年内可追溯。

2. 操作流程

【政府采购】—【招标项目】—【主控台】—【公告/投标编辑】—【保存】—【提交审批】—【公告/投标邀请书发布】

3. 操作步骤

（1）招标公告。

1）点击菜单栏中【政府采购】下的【招标项目】，进入招标项目查询页面，选择已建立的招标项目，如图3-47所示。

图3-47 查询招标项目页面——招标

2) 公开招标的项目,则需编辑并发布招标公告。点击【主控台】进入主控台页面,如图 3 - 48 所示;点击【公告编辑】进入编辑公告页面,需填写项目预算金额、文件发售开始时间、文件发售结束时间、是否网上售标、公告内容等信息。若建立招标项目时"是否需要购标"选择"是",则公告编辑时需填写文件发售时间,后续投标人需进行购买招标文件的操作,如图 3 - 49 所示。编辑公告完成后,点击【保存】可对公告信息进行保存;点击【提交审批】后公告即可交由审批人员审批。

公告编辑页面所设置的时间节点将影响后续流程的时间控制。如设置投标截止时间后,投标人仅能在该时间前递交投标文件,交易平台拒绝接受该时间后递交的投标文件。

**图 3 - 48 项目主控台页面——招标公告编制**

**图 3 - 49 公告编辑页面——公开招标**

3) 审批通过后,点击【主控台】中【公告发布】,进入发布公告页面,如图 3 - 50 所示;查看信息无误后,点击【发布】,公告即可成功发布。

**图 3 - 50　项目主控台页面——招标公告发布**

（2）投标邀请书。

1）点击菜单栏中的【政府采购】，进入子菜单【招标项目】选择已建立的招标项目，进入【主控台】，如图 3 - 51 所示。

投标邀请书的编辑与招标公告编辑基本相同，但投标邀请编辑页面需要选择特定的潜在投标人，投标人须先注册本平台账号方可被选择。

**图 3 - 51　主控台页面——投标邀请编辑（招标）**

2）点击【投标邀请】，需填写项目预算金额、是否网上售标、文件发售开始时间、文件发售结束时间、澄清问题提交截止时间、投标截止时间、投标邀请书内容等相关信息，并选择特定的潜在投标人，如图 3 - 52 和图 3 - 53 所示。投标邀请书完成后点击【保存】可对投标邀请信息进行保存；点击【提交审批】后投标邀请书即可提交至审批人员审批。

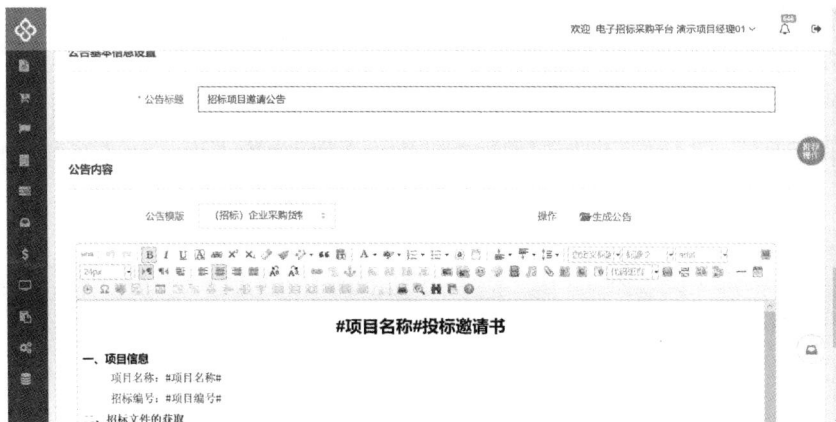

图 3 – 52 投标邀请编辑页面（1）——邀请招标

图 3 – 53 投标邀请编辑页面（2）——邀请招标

3）审批通过后即可发布。特定的潜在投标人登录平台后可查收投标邀请书。

**提示：**

投标文件递交截止时间及开标时间应自文件发售开始时间起不得少于 20 日；招标文件发售结束时间应自招标文件发售开始时间起不得少于 5 日。

## 十、招标文件编制与发布

1. 相关法律

《招标投标法实施条例》

第二十二条 潜在投标人或者其他利害关系人对资格预审文件有异议的，应当在提交资格预审申请文件截止时间 2 日前提出；对招标文件有异议的，应当在投标截止时间 10 日前提出。招标人应当自收到异议之日起 3 日内作出答复；作出答复前，应当暂停招标投标活动。

第二十六条 招标人在招标文件中要求投标人提交投标保证金的，投标保证金不得超过招标项目估算价的2%。投标保证金有效期应当与投标有效期一致。

2. 操作流程

【政府采购】—【招标项目】—【主控台】—【招标文件管理】—【设置评标方法】—【提交】—【编辑文件】—【提交】—【编制专用表单】—【完成】—【设定评标条款】—【完成】—【生成数据包】—【生效】—【提交审批】—【审批通过】—【招标文件发出】—【全部发出】

3. 操作步骤

(1) 点击菜单栏中的【政府采购】下的【招标项目】进入招标项目查询页面,选择已建立的招标项目,点击项目下的【主控台】进入主控台页面,如图3-54所示。

**图3-54 项目主控台页面——招标文件管理**

(2) 点击【招标文件管理】进入文件管理页面,如图3-55所示;按顺序操作,需设评标方法、上传招标文件、编制专用表单,设置评标条款,生成数据包。具体操作如下:

**图3-55 招标文件编制页面**

1）设置评标方法。评标委员会必须依照招标文件的标准及办法进行评审，政府采购中的评标办法分为综合评分法和最低评标价法。点击【设置评标方法】可选择综合评分法和最低评标价法，报价方式可选择单价、费率和总价，如图3-56所示。

**图3-56 设置评标方法页面——招标**

2）编辑文件。点击文件管理查询页面中的【编辑文件】图标，进入文件管理新增页面，如图3-57所示；在新增页面中，需完成招标文件上传并确定招标文件下载/发售时间和投标文件递交截止及开标时间，若招标公告/投标邀请书已编制完成则招标文件下载时间和投标文件递交截止及开标时间系统将自动带出。编辑完成后点击【提交】，即可完成编辑文件部分。

**图3-57 文件管理—新增页面——招标**

3）项目专用表单编制。项目专用表单是指招标文件中涉及的业务表单，分为开标一览表、分项报价表、商务参数表、技术参数表等。系统中价格的开标一览表指的是开标一览表中必须含有投标报价，商务的开标一览表指的是不包含投标报价的开标一览表。

点击文件管理查询页面中的【表单编制】图标，进入项目专用表单管理页面，在系统中表单编制可分为从历史项目表单引用、从表单库中引用、新建我的表单三种方式，如图 3 - 58 所示。

图 3 - 58　编制表单主页面——招标

点击【新建我的表单】，进入表单信息页面，如图 3 - 59 所示，需要填写表单名称、选择表单类型，可供选择的有开标一览表、分项报价表、技术参数表、商务参数表，选择不同的表单类型需填写的信息均有不同，但在招标文件中的专用表单设置中，必须设置价格的开标一览表；在完成表单信息的填写后点击【确定】，进入编辑项目专用表单页面可直接新增列自定义表单，如图 3 - 60 所示。

在定义价格的开标一览表的表单列时，需填写表头列名称、定义该列是否为投标报价，若为投标报价列则该列默认为由投标人填写的必填项；若该列不定义为投标报价，则需设置该列是否为必填项；在价格的开标一览表中，表头必须有一列为投标报价。

图 3 - 59　编制表单信息页面——招标

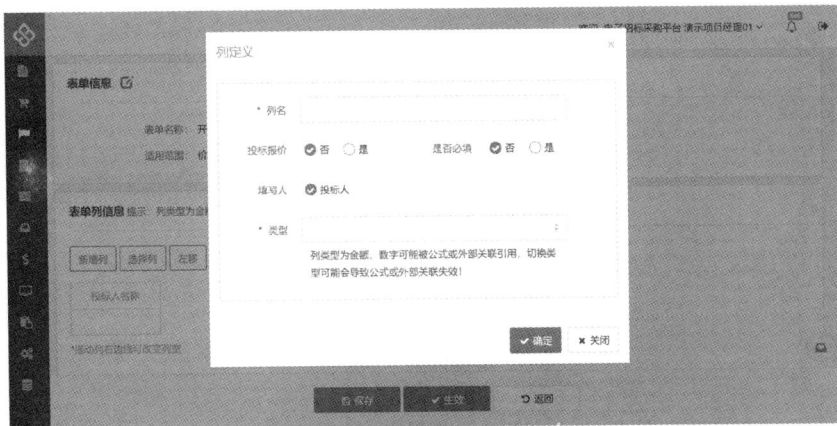

**图3－60　自定义编制表单页面——招标**

其他形式的表单，表单列定义时无"投标报价"项，每列内容可定义由投标人或招标人填写，由招标人填写的列，招标人应当在表头编制好后在当前页面导出表单模板，填写相应内容后再导入表单内容，如图3－61所示。

**图3－61　导入表单内容页面——招标**

完成项目专用表单编辑后点击【生效】，回到项目专用表单管理页面，如图3－62所示；点击【完成】，即可完成项目表单编制部分。

4）评标条款编制。点击文件管理查询页面中的【评标条款编制】图标，进入评标条款设定页面，系统将默认选中一个评分原则，如图3－63所示；根据选择的评标方法，系统将给出默认的评标阶段、评标节点、评标条款，项目可根据实际情况重新选择评分原则并对评标阶段、评标节点、评标条款进行增加、删除等操作，如图3－64所示；点击【完成】，即可完成评标条款编制部分。

**图 3 - 62　项目专用表单管理页面——招标**

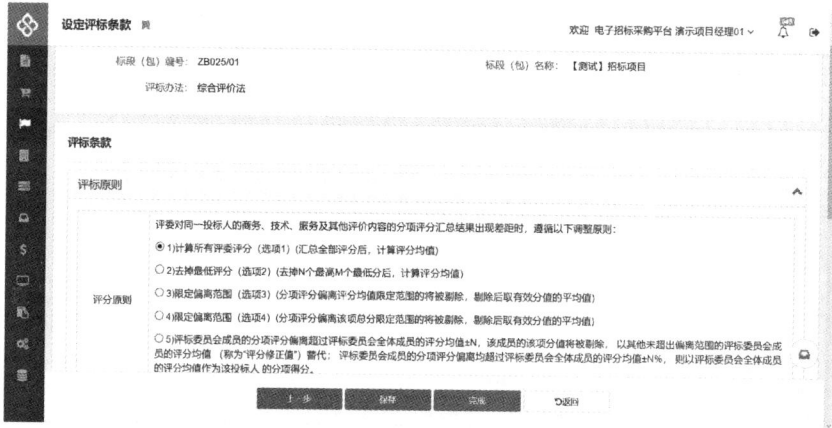

**图 3 - 63　评分原则选择页面——招标**

**图 3 - 64　评标条款设定页面——招标**

评标条款的设置默认为初步审查、详细评审、价格评审三个阶段，可根据项目的实际情况新增阶段。新增阶段时应当填写阶段名称，选择串行评标或并行评标，如图 3 - 65 所示。串行评标阶段是指评标阶段内的评审顺序为串行，即只有在该阶段内的上一个节点评审汇总后，下一个节点才能开始评审；并行评标阶段是指评标阶段内的评审顺序为并行，即可以同时与该阶段下的其他节点进行评审。系统内各个阶段的评审顺序为串行，即只有上一个评审阶段汇总完成后下一个评审阶段才能开始评审。

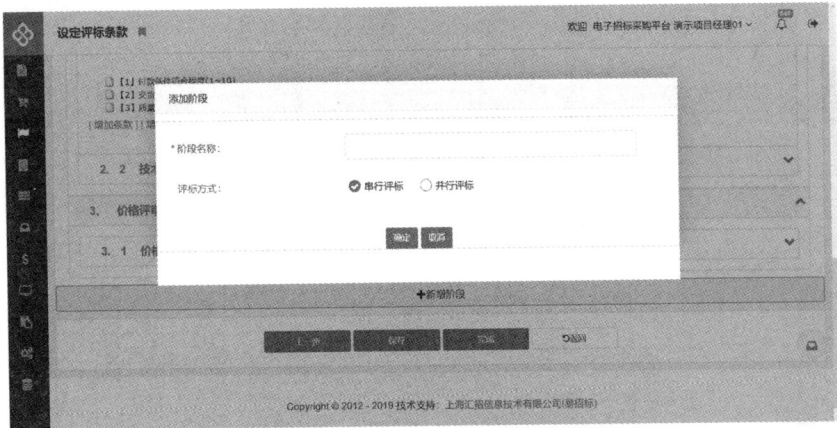

**图 3 - 65　添加阶段页面——招标**

在初步审查阶段，默认下设符合性审查、资格审查两个节点，可根据项目的实际情况新增、删除节点，每个节点下的相应条款均可以新增、修改、删除；初步审查阶段的所有条款均可设置为否决项条款，投标人如不满足其中任一条款，则会在初审环节被否决投标。

在详细评审阶段，若评标办法选择综合评分法则默认设商务评分、技术评分两个节点，各个节点的条款均可以新增、修改、删除。若评标办法选择最低评标价法则默认设价格比较一个节点。

在阶段下新增节点时，可以对节点类型进行设置，"评审项"是指判断投标人该条款是否符合实质性要求，可在系统中设置投标人不满足 n 项时否决其投标；"评分项"是指对该条款设置分值，评标专家依据响应程度进行打分；"分段打分"是指按照固定分段分数依据响应程度进行打分，当分段打分下设否决项时，可设置分数汇总为 n 分以下时将被否决投标，如图 3 - 66 所示。节点类型为"价格打分"时则为价格分数计算节点。

设置节点汇点方式时，单项汇总是指汇总所有专家对该条款的打分，以平均值作为该条款得分；总项汇总是指汇总所有专家对该节点的总分，以平均值作为该节点的得分。

若评标办法选择综合评分法则价格评审默认为价格打分，即可选择价格计算公式，包括有效报价范围、基准价计算方式、价格计算公式等，如图 3 - 67 所示；政府采购招标项目，默认基准价＝最低有效投标报价。系统将根据设置的计算方式自动计算出投标人报价的价格得分。若评标办法选择最低评标价法，则价格评审直接放在详细评审中且评审阶段默认为价格比较，即评标价格从低至高排序，评标价格最低的为第一名，如图 3 - 68 所示。

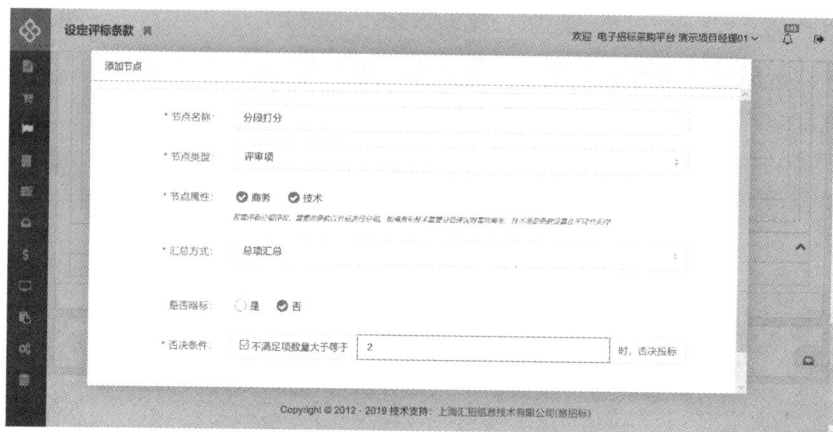

**图 3 - 66　添加节点页面——招标**

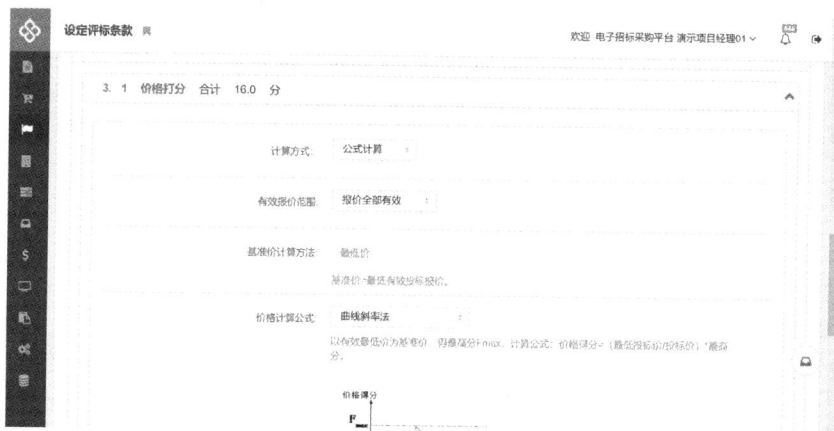

**图 3 - 67　价格打分页面——招标**

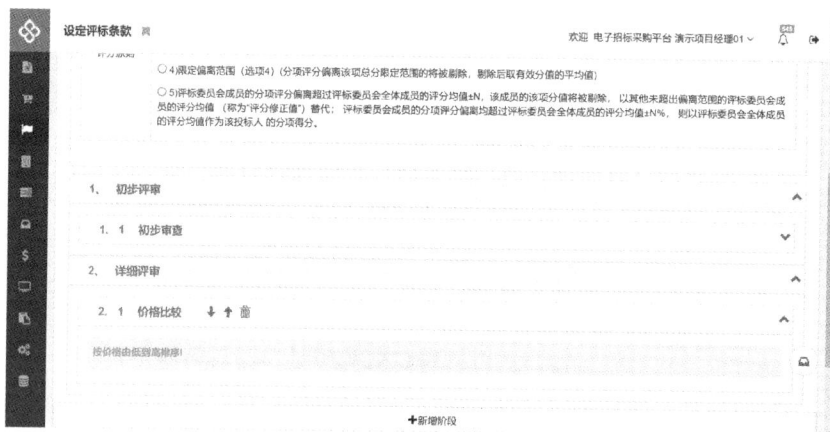

**图 3 - 68　价格比较页面——招标**

　　编辑文件、项目专用表单编制、评标条款编制后，回到文件管理页面点击【生成数据包】图标，即完成数据包的生成，数据包用于投标人在投标客户端编制投标文件。再点击【生效】完成招标文件编辑，点击【保存】可对招标文件信息进行保存；点击【提交审批】后招标文件即可提交至审批人员审批。

（3）审批通过后，进入项目主控台页面，如图3－69所示，点击【招标文件发出】进入招标文件发出页面，点击【全部发出】，即完成招标文件的发出工作。

**图3－69　项目主控台页面——招标文件发出**

提示：

招标公告/投标邀请书发出前，招标文件不能发出。

## 十一、招标公告变更及文件澄清

1. 相关法律

《招标投标法》

第二十三条　招标人对已发出的招标文件进行必要的澄清或者修改的，应当在招标文件要求提交投标文件截止时间至少十五日前，以书面形式通知所有招标文件收受人。该澄清或者修改的内容为招标文件的组成部分。

《招标投标法实施条例》

第二十一条　招标人可以对已发出的资格预审文件或者招标文件进行必要的澄清或者修改。澄清或者修改的内容可能影响资格预审申请文件或者投标文件编制的，招标人应当在提交资格预审申请文件截止时间至少3日前，或者投标截止时间至少15日前，以书面形式通知所有获取资格预审文件或者招标文件的潜在投标人；不足3日或者15日的，招标人应当顺延提交资格预审申请文件或者投标文件的截止时间。

《招标公告和公示信息发布管理办法》

第十六条　依法必须招标项目的招标公告和公示信息有下列情形之一的，潜在投标人或者投标人可以要求招标人或其招标代理机构予以澄清、改正、补充或调整：

（一）资格预审公告、招标公告载明的事项不符合本办法第五条规定，中标候选人公示载明的事项不符合本办法第六条规定；

（二）在两家以上媒介发布的同一招标项目的招标公告和公示信息内容不一致；

（三）招标公告和公示信息内容不符合法律法规规定。

招标人或其招标代理机构应当认真核查，及时处理，并将处理结果告知提出意见的潜在投标人或者投标人。

第二十条 对依法必须招标项目的招标公告和公示信息进行澄清、修改，或者暂停、终止招标活动，采取公告形式向社会公布的，参照本办法执行。

《电子招标投标办法》

第二十二条 招标人对资格预审文件、招标文件进行澄清或者修改的，应当通过电子招标投标交易平台以醒目的方式公告澄清或者修改的内容，并以有效方式通知所有已下载资格预审文件或者招标文件的潜在投标人。

**释义：**

本条是对招标人或者其委托的招标代理机构对数据电文形式的资格预审文件、招标文件进行澄清或者修改的规定。核心内容如下：

（1）资格预审文件、招标文件进行澄清和修改也应当与发布资格预审文件、招标文件一样，通过电子招标投标交易平台进行，且应在同一交易平台。

（2）以醒目方式公告。电子招标投标交易平台应当在其门户网站公告发布栏设置变更或澄清专区或以明显提示、肉眼容易发现的方式公告。

（3）以有效方式通知所有下载资格预审文件或者招标文件的潜在投标人。有效方式是指要求招标人或其委托的招标代理机构给已获取招标文件、资格预审文件的潜在投标人预留的联系方式将澄清或修改的内容发送到其指定的邮箱，或发送信息提醒其登录交易平台下载澄清或修改的内容。同时要求招标人在招标文件中特别说明，由投标人在规定时间内关注交易平台的澄清或者修改公告，投标人也可自行下载澄清或者修改的内容。

（4）对依法必须进行招标的项目资格预审文件、招标文件的澄清或修改，应当通过电子交易平台与国家指定的招标公告媒介连接实现同步发布。

2. 操作流程

招标公告变更：【政府采购】—【招标项目】—【主控台】—【变更公告编辑】—【保存】—【提交审批】—【主控台】—【变更公告发布】—【发布】

招标文件澄清：【政府采购】—【招标项目】—【主控台】—【招标文件澄清管理】—【回复/提出澄清】—【保存】—【生效】—【发出】

3. 操作步骤

（1）招标公告变更。

1）当招标人需修改招标文件发售时间、澄清问题提交截止时间、投标截止时间等关键时间节点，或其他关于招标公告的重要变更通知时，应当编辑、发布变更公告，并推送至发布招标公告的同一媒介。点击菜单栏中的【政府采购】下的【招标项目】，进入招标项目查询页面选择已建立的招标项目，点击项目下的【主控台】进入主控台页面，点击【变更公告编辑】，可对招标文件发售开始时间、文件发售结束时间、澄清问题提交截止时间、投标文件递交截止时间及开标时间等进行编辑，如图3-70所示；点击【保存】可对公告信息进行保存；点击【提交审批】后公告即可提交至审批人员审批。

**图 3 - 70　变更公告页面——招标**

2）审批通过后，进入主控台页面，如图 3 - 71 所示，点击【变更公告发布】进入发布公告页面，查看信息无误后，点击【发布】变更公告即可发布。

**图 3 - 71　项目主控台页面——招标变更公告发布**

（2）招标文件澄清。

1）招标文件编制完成并发布后，若文件存在问题，即可进行招标文件澄清。点击菜单栏中的【政府采购】进入子菜单栏【招标项目】，选择已建立的招标项目，点击项目下的【主控台】进入主控台页面，如图 3 - 72 所示。

2）点击【招标文件澄清管理】进入招标文件澄清管理页面，此页面可查看投标人/供应商提出的问题、项目经理回复/澄清的记录。

若需要对招标文件进行澄清，可以点击页面右侧【回复/提出澄清】，对招标文件进行澄清操作，如图 3 - 73 所示。进入回复/提出澄清的页面后，需选择澄清提出方式，澄清提出方式为"回复疑问"，选择对应的投标人问题记录，回复投标人提出的问题；澄清提出方式为"提出澄清"，招标人主动提出澄清并上传澄清内容，如图 3 - 74 所示。如需修改投标截止时间，也可以在此页面进行修改。

图 3 - 72　项目主控台页面——招标文件澄清

图 3 - 73　招标文件澄清管理页面——待添加

图 3 - 74　回复/提出澄清页面——招标

澄清内容必须对所有投标人发布，因此在多标段（包）情况下，澄清对象可以选择该项目标段（包）下所有投标人，也可以选择该项目下所有标段（包）投标人。被选择的澄清对象可以在系统中查收到该澄清内容。

如果澄清或修改内容涉及专用表单和评标条款的变更，可点击招标文件澄清页面右下方的【数据包变更澄清】，可重新编制专用表单和评标条款，生成数据包。对数据包进行变更澄清后，投标人需重新下载数据包，依据最新的数据包在投标文件客户端编制投标文件。

3）澄清内容编辑完成后点击【生效】则澄清内容生效；此时招标文件澄清管理页面如图3-75所示，操作栏将显示可发出，点击【发出】即可向潜在投标人发出招标文件澄清内容。

**图3-75 招标文件澄清管理页面——待发出**

## 十二、发布踏勘通知

1. 相关法律

《招标投标法》

第二十一条 招标人根据招标项目的具体情况，可以组织潜在投标人踏勘项目现场。

《招标投标法实施条例》

第二十八条 招标人不得组织单个或者部分潜在投标人踏勘项目现场。

2. 操作流程

【政府采购】—【招标项目】—【主控台】—【踏勘通知】—【添加踏勘通知】—【保存】—【生效】—【发出】

3. 操作步骤

（1）踏勘是指招标人组织投标人对工程现场场地和周围环境等客观条件进行的现场勘察，若项目需要进行踏勘则可在系统中发布踏勘通知公告，并做好踏勘记录，是否有踏勘不影响系统中后续流程的执行。点击菜单栏下【政府采购】下的【招标项目】进入招标项目查询页面，选择已建立的招标项目，点击项目下的【主控台】进入主控台页面，点击【踏勘通知】进入查询踏勘通知页面，如图 3 – 76 所示。

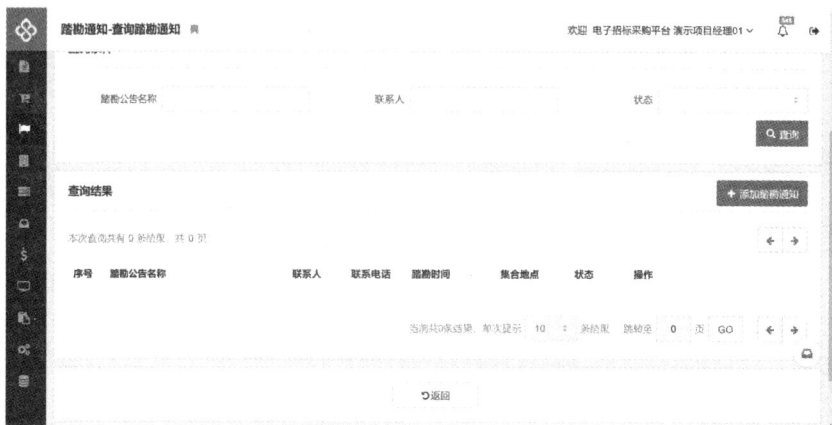

**图 3 – 76　查询踏勘通知页面——待添加**

（2）点击【添加踏勘通知】进入添加踏勘信息页面，如图 3 – 77 所示；需填写公告名称、联系人、联系电话、踏勘时间、集合地点、投标人踏勘等信息，并编辑踏勘公告内容，点击【保存】可对公告信息进行保存。

**图 3 – 77　添加踏勘通知页面**

（3）如图 3 – 78 所示，将保存的踏勘公告点击【生效】后，在查询踏勘通知页面即可点击【发出】，完成踏勘通知的编辑。踏勘通知发出后，潜在投标人可登录系统查看并确认是否参加踏勘。

**图 3 – 78  查询踏勘通知页面——待发出**

## 十三、组建评标委员会

1. 相关法律

《招标投标法》

第三十七条  评标由招标人依法组建的评标委员会负责。依法必须进行招标的项目，其评标委员会由招标人的代表和有关技术、经济等方面的专家组成，成员人数为五人以上单数，其中技术、经济等方面的专家不得少于成员总数的三分之二。前款专家应当从事相关领域工作满八年并具有高级职称或者具有同等专业水平，由招标人从国务院有关部门或者省、自治区、直辖市人民政府有关部门提供的专家名册或者招标代理机构的专家库内的相关专业的专家名单中确定；一般招标项目可以采取随机抽取方式，特殊招标项目可以由招标人直接确定。与投标人有利害关系的人不得进入相关项目的评标委员会；已经进入的应当更换。评标委员会成员的名单在中标结果确定前应当保密。

《招标投标法实施条例》

第四十六条  除招标投标法第三十七条第三款规定的特殊招标项目外，依法必须进行招标的项目，其评标委员会的专家成员应当从评标专家库内相关专业的专家名单中以随机抽取方式确定。任何单位和个人不得以明示、暗示等任何方式指定或者变相指定参加评标委员会的专家成员。依法必须进行招标的项目的招标人非因招标投标法和本条例规定的事由，不得更换依法确定的评标委员会成员。更换评标委员会的专家成员应当依照前款规定进行。评标委员会成员与投标人有利害关系的，应当主动回避。

有关行政监督部门应当按照规定的职责分工，对评标委员会成员的确定方式、评标专家的抽取和评标活动进行监督。行政监督部门的工作人员不得担任本部门负责监督项目的评标委员会成员。

2. 操作流程

【政府采购】—【招标项目】—【主控台】—【组建评委会】—【保存】—【确

定】—【综合办公】—【专家抽取】—【评标委员会】—【组建评委会】—【抽取评标专家】—【抽取】—【选中】—【保存】—【提交审批】

3. 操作步骤

（1）评标委员会是完成评标工作的核心人员，项目经理应当在评标前组建评标委员会。评标委员会的成员需在系统中拥有专家账号，方可登录系统完成评标工作。点击菜单栏中【政府采购】下的【招标项目】进入招标项目查询页面，选择已建立的招标项目，点击项目下的【主控台】进入主控台页面；点击【组建评委会】进入申请评委会页面，需填写组建评委会方式、评标专家人数、招标人代表人数等，如图 3 - 79 所示。其中组建评委会方式有随机抽取、直接指定、外部平台抽取。

图 3 - 79　申请评委会页面（1）——招标

（2）若组建评委会方式选择随机抽取，则需添加抽取条件，如图 3 - 80 所示；若选择直接指定或外部平台抽取，则需选择评委成员相关信息。示例操作中将以随机抽取的方式组建评委会。

图 3 - 80　申请评委会页面（2）——招标

（3）若选择随机抽取，则由项目经理填写评委会主信息提交抽取申请，专家抽取专员进行抽取。抽取专员在【综合办公】的【专家抽取】菜单中进入【组建评委会】页面，选择需组建评委会的项目，点击【组建评委会】查看并保存评委会主信息后进入抽取专家页面，点击【抽取】进行专家的随机抽取工作，如图 3 - 81 和图 3 - 82 所示。

（注：为提高教学的便捷性，系统赋予项目经理抽取专员的操作权限，即项目经理可直接进行专家抽取工作。）

图 3 - 81　查询评委会列表页面——招标

图 3 - 82　抽取评标专家页面——招标

（4）抽取评标专家的工作完成后，在处理结果中【选中】专家，点击【保存】可对抽取专家信息进行保存，如图 3 - 83 所示；点击【提交审批】后抽取结果即可提交至审批人员审批。

（5）审批通过后，该项目组建评标委员会的状态为"已完成"。

**图3-83 抽取评标专家页面——招标**

**提示：**

评标委员会成员人数为5人以上单数，且招标人代表不多于评标委员会总人数的1/3，评标专家不得少于成员总数的2/3。

## 十四、网上开标

1. 相关法律

《招标投标法》

第三十六条 开标时，由投标人或者其推选的代表检查投标文件的密封情况，也可以由招标人委托的公证机构检查并公证；经确认无误后，由工作人员当众拆封，宣读投标人名称、投标价格和投标文件的其他主要内容。招标人在招标文件要求提交投标文件的截止时间前收到的所有投标文件，开标时都应当当众予以拆封、宣读。

《招标投标法实施条例》

第三十六条 未通过资格预审的申请人提交的投标文件，以及逾期送达或者不按照招标文件要求密封的投标文件，招标人应当拒收。招标人应当如实记载投标文件的送达时间和密封情况，并存档备查。

《电子招标投标办法》

第二十九条 电子开标应当按照招标文件确定的时间，在电子招标投标交易平台上公开进行，所有投标人均应当准时在线参加开标。

**释义：**

本条是对电子开标的时间、地点、参加人员和参加方式的规定。电子开标是通过电子招标投标交易平台在线完成投标文件拆封解密，展示唱标内容并形成开标记录的工作程序。电子开标是招标投标活动利用互联网技术的重要成果，是招标投标活动的重大技术革新。本条规定电子开标的三个关键要素如下：

（1）开标的时间：应当按照招标文件确定的时间进行。

（2）开标的地点：在电子招标投标交易平台上进行。这是电子开标所需虚拟空间与纸质形式的开标需要物理空间存在的重大差别。

（3）开标会的参加人员：电子开标要求所有投标人都应当参加。此与纸质招标投标存在重大差别。

《招标投标法》第三十五条在传统纸质招标投标情形下，招标人有邀请所有投标人参加开标会的义务，投标人有放弃参加开标会的权利。本办法规定，投标人必须准时参加网上的开标会，基于如下原因：

（1）实践中，主流的加密、解密方式是采取投标人加密、解密的方式，投标人如不在线参加开标会，任何其他单位和个人都不能对投标文件进行解密。

（2）电子开标时，需要所有投标人在线签到并通过电子签名确认相关文件。

（3）电子开标地点为虚拟空间，投标人无须舟车劳顿，即可就地参加开标会。所谓在线参加，就是参加开标的人不必到达某一指定地点，而只需在其各自可上网的环境下登录电子招标投标交易平台即可参加开标会。

（4）已提交投标文件的投标人在截止解密时间前参加开标会即可，不要求其必须在投标截止时间前进入网上虚拟的开标房间。

第三十条　开标时，电子招标投标交易平台自动提取所有投标文件，提示招标人和投标人按招标文件规定方式按时在线解密。解密全部完成后，应当向所有投标人公布投标人名称、投标价格和招标文件规定的其他内容。

**释义：**

数据电文形式开标流程本质上与纸质形式开标无异，本条只是根据电子开标的主要流程进行了规定。应当说明的是，电子开标是一个完整的流程，除了本条规定外，应当根据《招标投标法》《招标投标法实施条例》和实践做法进行。完整的电子开标流程要点如下：

（1）招标人或者其委托的招标代理机构事先在电子招标投标交易平台中设定开标会主持人。电子开标与纸质开标一样，需要主持人。开标由招标人或者其委托的招标代理机构相关人员主持。主持人负责整个开标过程，根据系统事先设定的权限按流程进行操作。交易平台在电子开标中的作用仍然是辅助性、工具性的。

（2）参加开标会相关人员电子签到。电子签到是参加开标会的全体人员向开标主持人报到。

（3）开标时间一到，电子招标投标交易平台自动提取投标文件。

（4）电子招标投标交易平台向主持人、监标人显示投标文件的数量。投标文件少于3个的，电子招标投标交易平台自动提示主持人是否继续开标。主持人根据实际情况决定继续开标或终止开标。

（5）电子招标投标交易平台验证并公布投标文件不被篡改、不遗漏及其投标过程的记录。

（6）主持人在线发出指令，要求招标人和投标人按招标文件规定方式按时在线解密。如出现解密失败的情形，主持人提醒投标人采取招标文件规定的补救措施进行。解密所需时长一般在招标文件中确定，由招标人或其委托的招标代理机构于开标前在系统中设定。解密可同时操作，无须按照投标文件依次进行。

（7）按规定解密完成后，电子招标投标交易平台向所有已解密的投标人展示开标记录信息，包括标段（包）编号、投标人名称、报价、工期（交货期）、投标保证金金额、投标保证金到账时间、投标文件递交时间。该环节相当于纸质形式的唱标，但在电子开标形式下无须唱出，并可一次性展示。

（8）投标人对开标过程有异议的，应当通过电子招标投标交易平台提出，主持人应当在电子招标投标交易平台上当场作出答复，并在开标记录中形成异议及答复记录。

（9）电子招标投标交易平台生成开标记录，由参加电子开标的相关人员电子签名确认。交易平台应当留出一定的时长供所有投标人电子签名。电子签名时间结束后，如有投标人未签名的，监标人可以替其签名并作出说明。

（10）经电子签名确认的开标记录表向所有投标人公布，并通过电子招标投标交易平台向社会公众和电子招标投标公共服务平台同步发布。至此，整个电子开标流程结束。

2. 操作流程

【政府采购】—【招标项目】—【主控台】—【开标设置】—【保存】—【开标/开标（网页版)】—【开标】—【确定】—【发送开标记录表】—【开标结束】

3. 操作步骤

（1）网上开标是电子招标投标中角色交互最多、技术最复杂的环节，包含签到、开标、解密、下发开标一览表等主要环节，参与角色有招标人、招标代理机构、投标人、监标人等。与纸质招标投标有所差异的是，电子招标投标网上开标时，所有投标人必须参与开标环节，对其电子投标文件进行解密。网上开标可以通过远程参与，不必设置实体开标地点。

在投标截止时间前，需在系统中进行开标设置；点击菜单栏中【政府采购】下的【招标项目】进入招标项目查询页面，选择已建立的招标项目，点击项目下的【主控台】进入主控台页面，如图3-84所示。

图 3-84　项目主控台页面——开标设置

（2）如图3-85所示，点击【开标设置】，需确认解密时限、签名时限、是否启用无人开标、选择监标人和列席人员、选择标段（包）信息等，点击【保存】可对开标设置进行保存。

解密时限是指自开标时间起，给投标人解密电子投标文件的时限；签名时限是指自下发开标记录表时间起，给投标人对开标记录表进行签名确认的时限。无人开标是指在开标过程中无须开标人（项目经理）进行操作，系统根据时间设置自动启动下一步程序，无人开标时需选择"少于3家是否开标"；开标人默认为当前项目的项目经理；监标人和列席人员是指可在网上开标大厅开启后进入开标大厅，观看开标情况的人员（非必选项）。

图 3 - 85　开标设置页面——招标

（3）保存开标设置后进入项目主控台页面，如图 3 - 86 所示，此时可点击【开标】或【开标（网页版）】进入开标大厅。

【开标】为 H5 设计，若所使用电脑设备无法正常加载页面，可以点击【开标（网页版）】进入网页版开标模式，除展现方式外，其余功能无差异。

图 3 - 86　项目主控台页面——开标

（4）开标前便可进入开标大厅查看当日开标的项目信息。点击【主控台】中【开标/开标（网页版）】进入开标大厅，如图 3 - 87 所示，选择与本项目相对应的标室，点击大门则进入该项目的开标大厅。

（5）当选择无人开标时，达到投标截止时间后系统自动开标，自动开启解密倒计时。非无人模式下，当投标截止时间倒计时结束时，项目经理可根据指示点击【请开标】，如图 3 - 88 所示，进入投标人解密阶段开启解密倒计时。

图 3 - 87　开标大厅—项目经理——招标

图 3 - 88　开标大厅—项目经理——招标

（6）启动开标后，投标人可进行解密，当所有参与开标的投标人都解密完成后，开标大厅提示"发送开标记录表"；项目经理根据指示点击【发送开标记录表】，投标人可查看开标记录表，并对开标记录表进行签名。

无人开标自动下发开标记录表，开启签名倒计时，如图 3 - 89 所示。

图 3 - 89　开标大厅—项目经理——招标

（7）当所有投标人签名结束，可在开标大厅点击【开标结束】，无人开标自动结束开标，关闭开标大厅，完成网上开标，如图 3 - 90 所示。

开标结束后，项目主控台仅能查看开标过程记录，无法再进入开标大厅。

图 3 - 90　开标大厅—项目经理——招标

## 十五、网上评标

1. 相关法律

《招标投标法实施条例》

第四十八条　招标人应当向评标委员会提供评标所必需的信息，但不得明示或者暗示其倾向或者排斥特定投标人。

招标人应当根据项目规模和技术复杂程度等因素合理确定评标时间。超过三分之一的评标委员会成员认为评标时间不够的，招标人应当适当延长。

评标过程中，评标委员会成员有回避事由、擅离职守或者因健康等原因不能继续评标的，应当及时更换。被更换的评标委员会成员作出的评审结论无效，由更换后的评标委员会成员重新进行评审。

《电子招标投标办法》

第三十三条　电子评标应当在有效监控和保密的环境下在线进行。根据国家规定应当进入依法设立的招标投标交易场所的招标项目，评标委员会成员应当在依法设立的招标投标交易场所登录招标项目所使用的电子招标投标交易平台进行评标。评标中需要投标人对投标文件澄清或者说明的，招标人和投标人应当通过电子招标投标交易平台交换数据电文。

**释义：**

本条是对电子评标相关事项的规定。

电子评标是招标项目评标委员会通过电子招标投标交易平台的电子评标系统或功能模块，按照招标文件确定的评标标准和方法，对电子投标文件评审并形成电子形式评标报告的工作程序。

《招标投标法》第三十八条规定，招标人应当采取必要的措施，保证评标在严格保密的情况下进行。为保证电子评标活动不受到外界干扰，招标人有义务采取必要的措施，以保证评标活动在一个相对封闭、严格保密的环境下完成评标。这种必要措施一般包括如下内容：

（1）评标区域需采取物理隔离措施，保证其相对封闭，出入评标区域须办理相关手续。

（2）通信控制，与外界通信须经批准并采用专用通讯设施。

（3）评标资料包括下载的招标文件、投标文件、评审记录，草稿纸仅限于评标区域内使用，不得擅自带出评标区域，不得将上述信息对外发送。

（4）澄清、说明与补正，通过电子招标投标交易平台送达投标人，保证评标过程信息不泄露。

（5）评标结束时，招标人或者其委托的招标代理机构需对评标委员会及工作人员强调保密纪律，收回所有评标资料、表格等信息资料。

（6）对评标全过程进行摄像录音，影像资料存档期限为投标有效期结束之日起90日以上。

2. 操作流程

【政府采购】—【招标项目】—【主控台】—【评标准备】—【启动评标】—【评标管理】—【初步评审待汇总】—【汇总】—【详细评审待汇总】—【汇总】—【价格评审待汇总】—【计算得分】—【完成】—【待确认】—【待生成】—【待生成】—【结束评标】

【澄清管理】—【修改】—【保存】—【提交】—【发送投标人】

3. 操作步骤

（1）开标结束后，即可进入网上评标环节，由评标委员会对投标文件进行评审，并推荐不超过3名中标候选人。评标过程如需进行投标文件澄清，则由评标专家提出，汇总至组织评审工作的项目经理后，向特定投标人发出投标澄清。

点击系统菜单中【政府采购】下的【招标项目】进入招标项目查询页面，找到已建立的招标项目，点击【主控台】进入项目主控台页面，在项目主控台页面点击【评标准备】，如图 3-91 所示，进入评标准备页面。

图 3-91　项目主控台页面——评标准备

（2）在评标准备页面需填写评标组长、监标人、是否分配评标节点等信息，点击【启动评标】，如图3－92所示。

如有评标组长，可设置评标组长角色，评标组长牵头组织评审工作，可代项目经理汇总各节点评审工作。

如需分配评标节点，可将各个节点分配给相应的专家进行评审。

**图3－92　评标准备页面——招标**

（3）进入项目主控台页面，点击【评标管理】，当所有专家初步评审完毕，评标管理页面将如图3－93所示，点击"初步评审"下的【待汇总】进入初步评审汇总页面点击【汇总】完成初步汇总工作。

**图3－93　初步评审汇总页面——招标**

（4）初步评审汇总后，点击评标管理页面中"详细评审"下方的【待汇总】，如图3－94所示；进入详细评审汇总页面，点击【汇总】完成详细评审汇总工作。

（5）详细评审汇总后点击评标管理页面中"价格评审"下方的【待汇总】，如图3－95所示。

（注：价格评审不需要专家参与，由项目经理或评标组长进行汇总即可。）

**图 3 - 94　详细评审汇总页面——招标**

**图 3 - 95　价格评审页面——招标**

（6）进入价格计算页面后，如需对价格进行修正，则在每一个投标人的报价表格中输入修正数量，在原有投标报价上增加则直接输入需增加的数字，减少则输入" - 减少数字"，点击【计算得分】，系统自动计算出最终的评标价格，如图 3 - 96 所示。点击【完成】，则完成价格计算的工作。

**图 3 - 96　价格评审计算页面——招标**

（7）所有评标节点汇总结束后，点击评标管理页面下方的"评标汇总"右侧的【待确认】，如图 3－97 所示；确认页面的评标信息无误后，点击【汇总全部完成】，如图 3－98 所示，点击【确定】完成汇总工作。

**图 3－97 评标汇总待确认页面——招标**

**图 3－98 评标汇总确认页面——招标**

（8）评标汇总完成后，点击评标管理页面下方的"评标表格"选项右侧的【待生成】，如图 3－99 所示；进入评标表格信息页面，点击【生成】后，系统可自动生成综合评标表格，项目经理可对自动生成综合评标表格进行相应调整，再将调整后的综合评标表格上传至系统，点击【完成】则综合评标表格生成工作已完成，如图 3－100所示。

（9）评审表格生成后点击评标管理页面下方的"评标报告、监督报告"选项右侧的【待生成】，如图 3－101 所示，进入评标报告信息页面，点击【生成】后，系统可自动生成综合评标报告和监督报告，如需调整，项目经理可将报告重新调整后上传至系统，点击【保存】则完成评标报告和监督报告的生成工作，如图 3－102 所示。

**图 3 - 99  评标表格待生成页面——招标**

**图 3 - 100  评标表格生成页面——招标**

**图 3 - 101  评标报告待生成页面——招标**

**图3－102　评标报告生成页面——招标**

（10）在评标管理页面的右下角，点击【选择签名方式】选择专家签名方式，若为纸质签名可重新调整需专家签名的文件。完成后点击【评审结束】，再点击【确定】结束评标工作，如图3－103所示。

（注：为提高教学的便捷性，均采用纸质签名方式。）

**图3－103　评标结束页面——招标**

（11）在评审过程中若专家认为需要投标人进行澄清，则可在澄清管理页面提出问题，项目经理汇总专家提出的澄清问题发送至投标人。

项目经理进入项目主控台，点击【评标管理】进入评标管理页面，点击【澄清管理】进入澄清管理页面，可查收评标专家提出的澄清问题，也可直接新增澄清问题。项目经理点击操作栏【修改】，进入澄清问题编辑页面，如图3－104所示。

（注：澄清问题可以对单个投标人发出，也可以对所有投标人发出。）

（12）项目经理在该页面填写澄清回复截止时间，编辑澄清问题，选择投标人，点击【保存】并【提交】后直接跳转至澄清管理页面，点击【发送投标人】，投标人即可查收需澄清的问题并进行回复，如图3－105所示。

图 3 - 104　澄清问题编辑页面——招标

图 3 - 105　澄清管理页面——招标

**提示：**

案例中采用的为综合评分法，价格评审方式为价格打分；若采用经评审的最低评标价法，则价格评审方式为价格比较。

## 十六、确定中标候选人

1. 相关法律

《招标投标法实施条例》

第五十三条　评标完成后，评标委员会应当向招标人提交书面评标报告和中标候选人名单。中标候选人应当不超过 3 个，并标明排序。

评标报告应当由评标委员会全体成员签字。对评标结果有不同意见的评标委员会成员应当以书面形式说明其不同意见和理由，评标报告应当注明该不同意见。评标委员会成员拒绝在评标报告上签字又不书面说明其不同意见和理由的，视为同意评标结果。

第五十四条　依法必须进行招标的项目，招标人应当自收到评标报告之日起 3 日内公示中标候选人，公示期不得少于 3 日。

投标人或者其他利害关系人对依法必须进行招标的项目的评标结果有异议的，应当在中标候选人公示期间提出。招标人应当自收到异议之日起3日内作出答复；作出答复前，应当暂停招标投标活动。

《招标公告和公示信息发布管理办法》

第六条　依法必须招标项目的中标候选人公示应当载明以下内容：

（一）中标候选人排序、名称、投标报价、质量、工期（交货期），以及评标情况；

（二）中标候选人按照招标文件要求承诺的项目负责人姓名及其相关证书名称和编号；

（三）中标候选人响应招标文件要求的资格能力条件；

（四）提出异议的渠道和方式；

（五）招标文件规定公示的其他内容。

依法必须招标项目的中标结果公示应当载明中标人名称。

《电子招标投标办法》

第三十五条　依法必须进行招标的项目中标候选人和中标结果应当在电子招标投标交易平台进行公示和公布。

**释义：**

本条规定中标候选人公示和中标结果公布途径。

《招标投标法实施条例》第五十三条规定，中标候选人应当不超过3个，并标明排序。

第五十四条规定，依法必须进行招标的项目，投标人应当自收到评标报告之日起3日内公示中标候选人。对依法必须进行招标的项目中标候选人公示的意义是将公共采购领域项目的评标结果主动告知社会，并接受投标人及其利害关系人的监督。对中标候选人公示，在纸质招标投标情形下，要求招标人在发布资格预审公告或招标公告的同一媒介上公示。在电子招标投标情形下，则要求在电子招标投标交易平台上进行公示，并根据招标文件确定的中标候选人数量公开标段（包）编号、中标候选人名称及排序、投标价格、中标价格等信息。《电子招标投标系统技术规范》在5.8.1中标候选人公示的基本功能要求中规定了电子招标投标交易平台应具备向电子招标投标公共服务平台提供中标候选人公示数据的功能。即在电子招标投标公共服务平台逐级建立后，中标候选人也将在公共服务平台网络体系上进行公示。

对依法必须进行招标的项目，在评标结果公示期内无投标人或利害关系人提出异议，或异议提出人已经接受了投标人对异议的答复，投标人及其利害关系人不提出投诉，或者虽提出投诉但投诉已妥善处理且评标结果有效的，招标人根据评标委员会的评标报告和推荐的中标候选人确认中标人。招标人也可以授权评标委员会直接确定中标人。本条规定依法必须进行招标的项目招标人应当在电子招标投标交易平台上公布中标结果。《电子招标投标系统技术规范》在5.8.3中标结果公告的基本功能要求中规定了中标结果公告的编辑、提交审核、验证确认、备案、发布和向公共服务平台提供相关数据的功能，保证系统按规定公告中标结果。电子招标投标公共服务平台逐级建立后，中标结果也将在公共服务平台上公布。

2. 操作流程

【政府采购】—【招标项目】—【主控台】—【中标候选人公示】—【保存】—【提交审批】—【中标候选人公示发出】—【发布】

3. 操作步骤

（1）依法必须招标的工程建设项目，应当发布中标候选人公示和中标结果公告。点击系统菜单栏中【政府采购】下的【招标项目】进入招标项目查询页面，选择已建立的招标项目，点击项目下的【主控台】进入主控台页面，如图 3 - 106 所示，点击【中标候选人公示】进入编辑中标候选人公示页面，该页面需填写公示日期、选择发布媒体、勾选中标候选人、编辑公示内容等，如图 3 - 107 所示。

**图 3 - 106　项目主控台页面——中标候选人公示**

**图 3 - 107　中标候选人公示编辑页面**

（2）点击【保存】可对中标候选人公示信息进行保存，点击【提交审批】即可提交至审批人员审批；审批通过后进入项目主控台，如图 3 - 108 所示；点击【中标候选人公示发出】确认公示信息，点击【发布】即完成中标候选人公示。

图 3 - 108　项目主控台页面——中标候选人公示发出

# 十七、确定中标人

## 1. 相关法律

《招标投标法》

第四十条　评标委员会应当按照招标文件确定的评标标准和方法，对投标文件进行评审和比较；设有标底的，应当参考标底。评标委员会完成评标后，应当向招标人提出书面评标报告，并推荐合格的中标候选人。

招标人根据评标委员会提出的书面评标报告和推荐的中标候选人确定中标人。招标人也可以授权评标委员会直接确定中标人。国务院对特定招标项目的评标有特别规定的，从其规定。

第四十三条　在确定中标人前，招标人不得与投标人就投标价格、投标方案等实质性内容进行谈判。

第四十七条　依法必须进行招标的项目，招标人应当自确定中标人之日起十五日内，向有关行政监督部门提交招标投标情况的书面报告。

第五十七条　招标人在评标委员会依法推荐的中标候选人以外确定中标人的，依法必须进行招标的项目在所有投标被评标委员会否决后自行确定中标人的，中标无效。责令改正，可以处中标项目金额千分之五以上千分之十以下的罚款；对单位直接负责的主管人员和其他直接责任人员依法给予处分。

《招标投标法实施条例》

第五十五条　国有资金占控股或者主导地位的依法必须进行招标的项目，招标人应当确定排名第一的中标候选人为中标人。排名第一的中标候选人放弃中标、因不可抗力不能履行合同、不按照招标文件要求提交履约保证金，或者被查实存在影响中标结果的违法行为等情形，不符合中标条件的，招标人可以按照评标委员会提出的中标候选人名单排序依次确定其他中标候选人为中标人，也可以重新招标。

《政府采购法实施条例》

第四十三条　采购代理机构应当自评审结束之日起 2 个工作日内将评审报告送交采购人。采购人应当自收到评审报告之日起 5 个工作日内在评审报告推荐的中标或者成交候选人中按顺序确定中标或者成交供应商。

采购人或者采购代理机构应当自中标、成交供应商确定之日起 2 个工作日内，发出中标、成交通知书，并在省级以上人民政府财政部门指定的媒体上公告中标、成交结果，招标文件、竞争性谈判文件、询价通知书随中标、成交结果同时公告。

中标、成交结果公告内容应当包括采购人和采购代理机构的名称、地址、联系方式，项目名称和项目编号，中标或者成交供应商名称、地址和中标或者成交金额，主要中标或者成交标的的名称、规格型号、数量、单价、服务要求以及评审专家名单。

《电子招标投标办法》

第三十六条　招标人确定中标人后，应当通过电子招标投标交易平台以数据电文形式向中标人发出中标通知书，并向未中标人发出中标结果通知书。招标人应当通过电子招标投标交易平台，以数据电文形式与中标人签订合同。

**释义：**

本条是关于电子中标通知书和中标结果通知书、电子合同的规定。

（1）数据电文形式的中标通知书和中标结果通知书，在法律效力上等同于书面形式的中标通知书和中标结果通知书。《电子招标投标系统技术规范》在 5.8.4 中标通知书的基本功能要求规定了电子招标投标交易平台对中标通知书和中标结果通知书应具备的管理功能。

（2）数据电文形式的合同。《中华人民共和国合同法》（主席令第 15 号）（以下简称《合同法》）第十条规定，当事人订立合同，有书面形式、口头形式和其他形式。法律、行政法规规定采用书面形式的，应当采用书面形式。第十一条规定，书面形式是指合同书、信件和数据电文（包括电报、电传、传真、电子数据交换和电子邮件）等可以有形地表现所载内容的形式。《招标投标法》第四十六条规定，招标人和中标人应当自中标通知书发出之日起三十日内，按照招标文件和中标人的投标文件订立书面合同。根据上述上位法规定，本条规定了在电子招标投标活动中，招标人应当通过电子招标投标交易平台以数据电文形式与中标人签订合同。规定通过电子招标投标交易平台订立电子合同，主要目的是约束招标人和中标人就标的范围、投标价格、交货期（工期）等实质性内容进行谈判或另行订立背离合同实质性内容的其他协议。《电子招标投标系统技术规范》在 5.8.6 合同的基本功能要求中规定了电子招标投标交易平台对合同管理应具备的功能。

2. 操作流程

【政府采购】—【招标项目】—【主控台】—【确定中标人】—【完成】—【中标结果公告】—【保存】—【提交审批】—【中标结果公告发出】—【发布】

3. 操作步骤

（1）政府采购招标项目应当发布中标结果公告。点击菜单栏中【政府采购】下的【招标项目】进入招标项目查询页面，选择已建立的招标项目，点击项目下的【主控台】进入主控台页面，如图 3 - 109 所示；点击【确定中标人】，如图 3 - 110 所示，需勾选中标人等，点击【完成】确定中标人。

**图3-109 项目主控台页面——确定中标人**

**图3-110 确定中标人页面**

（2）确定中标人后回到项目主控台页面，点击【中标结果公告】，编辑中标结果公告内容并【保存】，点击【提交审批】后即可交由审批人员审批，如图3-111和图3-112所示。

**图3-111 项目主控台页面——中标结果公告**

**图 3 - 112　中标结果公告编辑页面**

（3）如图 3 - 113 所示，审批通过后回到项目主控台页面，点击【中标结果公告发出】确认公告内容并点击【发布】，完成中标结果公告的发出。

**图 3 - 113　项目主控台页面——中标结果公告发出**

**提示：**

当确定的中标人不是排名第一的中标候选人时，则需填写说明。

## 十八、发布中标通知书

1. 相关法律

《招标投标法》

第四十五条　中标人确定后，招标人应当向中标人发出中标通知书，并同时将中标结果通知所有未中标的投标人。中标通知书对招标人和中标人具有法律效力。中标通知书发出后，招标人改变中标结果的，或者中标人放弃中标项目的，应当依法承担法律责任。

第四十六条　招标人和中标人应当自中标通知书发出之日起三十日内，按照招标文件和中标人的投标文件订立书面合同。招标人和中标人不得再行订立背离合同实质性内容的其他协议。招标文件要求中标人提交履约保证金的，中标人应当提交。

2. 操作流程

【政府采购】—【招标项目】—【主控台】—【中标通知书处理】—【通知书编辑】—【生成预览文件】—【保存】—【提交审批】—【中标通知书处理】—【生成】—【发出】

3. 操作步骤

（1）点击菜单栏中【政府采购】下的【招标项目】进入招标项目查询页面，选择已建立的招标项目，点击项目下的【主控台】进入主控台页面，如图3-114所示。

**图3-114　项目主控台页面——中标通知书处理**

（2）点击【中标通知书处理】进入查询中标通知书页面，需要编辑中标通知书及招标结果通知书，如图3-115所示。

中标通知书发给中标人，招标结果通知书发至未中标的投标人。

**图3-115　查询中标通知书页面**

（3）点击中标通知书下的【通知书编辑】进入编辑中标通知书页面，如图 3 - 116 所示；需编辑日期、中标金额、应收招标代理服务费等信息，编辑完后点击【生成预览文件】，系统将自动生成中标通知书；中标通知书编辑完成后点击【保存】，退出到查询中标通知书页面，点击【提交审批】将中标通知书提交至审批人员审批。

**图 3 - 116　编辑中标通知书页面**

（4）点击招标结果通知书下方的【通知书编辑】进入编辑招标通知书页面，如图 3 - 117 所示；填写通知书日期，点击【生成预览文件】系统将自动生成招标结果通知书，完成后点击【提交审批】，将通知书提交至审批人员审批。

**图 3 - 117　编辑招标结果通知书页面**

（5）审批通过后在主控台页面点击【中标通知书处理】进入查询中标通知书页面，如图 3 - 118 所示，点击中标通知书下的【生成编号】及招标结果通知书下的【生成】后，中标通知书及招标结果通知书生成成功，如图 3 - 119 所示；点击【发出】后投标人可登录系统查看通知书。

**图 3 - 118　生成中标通知书页面**

**图 3 - 119　发出中标通知书页面**

提示：

当中标金额发生变动需重新生成预览文件。

## 十九、招标结束

### 1. 相关法律

《政府采购法》

第四十二条　采购人、采购代理机构对政府采购项目每项采购活动的采购文件应当妥善保存，不得伪造、变造、隐匿或者销毁。采购文件的保存期限为从采购结束之日起至少保存十五年。

采购文件包括采购活动记录、采购预算、招标文件、投标文件、评标标准、评估报告、定标文件、合同文本、验收证明、质疑答复、投诉处理决定及其他有关文件、资料。采购活动记录至少应当包括下列内容：

（一）采购项目类别、名称；

（二）采购项目预算、资金构成和合同价格；

（三）采购方式，采用公开招标以外的采购方式的，应当载明原因；

（四）邀请和选择供应商的条件及原因；

（五）评标标准及确定中标人的原因；

（六）废标的原因；

（七）采用招标以外采购方式的相应记载。

2. 操作流程

采购结束：【政府采购】—【招标项目】—【主控台】—【招标结束】—【结束标段】—【结束项目】

归档管理：【政府采购】—【招标项目】—【主控台】—【归档管理】—【保存】—【移交（针对包)】—【确定】

3. 操作步骤

（1）采购结束。

1）点击菜单栏中【政府采购】下的【招标项目】进入招标项目查询页面，选择已建立的招标项目，点击项目下的【主控台】进入主控台页面，点击【招标结束】，如图3－120所示。

**图3－120　项目主控台页面——招标结束**

2）点击【结束标段】则该标段的采购结束；若点击【结束项目】，则应先结束该项目下所有的标段才能结束项目。如图3－121所示。

（2）归档管理。

点击菜单栏中【政府采购】下的【招标项目】进入招标项目查询页面，选择已建立的招标项目，点击项目下的【主控台】进入主控台页面，如图3－122所示，点击【移交（针对包)】即完成归档，如图3－123所示。

**图 3 – 121　招标结束页面**

**图 3 – 122　项目主控台页面——招标归档**

**图 3 – 123　归档信息处理页面——招标**

提示：

仅在项目结束或终止的情况下可以移交。

## 第三节　投标人操作实务

### 一、投标人注册

1. 操作流程

【输入网址】—【没有账号？立即注册】—【立即注册】

2. 操作步骤

（1）进入任意浏览器，在网址栏输入指定地址进入电子招标投标交易平台系统登录页面，如图 3－124 所示。

**图 3－124　系统登录页面—投标人——招标**

（2）点击系统登录页面中【没有账号？立即注册】，进入用户注册页面信息页面，按照提示及要求完善相关信息，如地区、证件类型、企业名称等。

（3）在用户注册页面进行用户注册分为四步，分别为企业注册、完善信息、用户审批、注册成功，在用户注册信息页面编辑完成后，点击【立即注册】等待用户审批，审批完成后则注册成功。

### 二、确认邀请回执

1. 相关法律

《招标投标法》

第二十六条 投标人应当具备承担招标项目的能力；国家有关规定对投标人资格条件或者招标文件对投标人资格条件有规定的，投标人应当具备规定的资格条件。

2. 操作流程

【投标管理】—【邀请回执】—【确认参加】—【发送】

3. 操作步骤

（1）投标人如需参加邀请招标的项目，应当登录系统查收投标邀请并递交回执。如图3-125所示，点击菜单中【投标管理】下的【邀请回执】进入邀请回执管理页面，查看邀请信息。

**图3-125 邀请回执管理页面——招标**

（2）如图3-126所示，点击【确认参加】进入投标邀请函页面，填写固定电话、下载回执模板并填写上传，点击【发送】，确认参加受邀项目。

**图3-126 投标确认函页面——招标**

提示：

邀请招标的项目需确认邀请回执才能购买文件。

### 三、购买与下载招标文件

1. 操作流程

【购买文件】—【立即购买】—【保存】—【提交】—【文件下载】—【确认下载】

2. 操作步骤

（1）如招标项目需要购标，则投标人需要在购标时间段内先购买招标文件，再下载招标文件；如招标项目无须购标，则投标人可直接在文件下载页面下载招标文件。

登录投标人账号，在界面左侧菜单栏的投标管理中选择【购买文件】，如图 3－127 所示。

**图 3－127　查询项目信息页面—购买文件——招标**

（2）点击【立即购买】，如图 3－128 所示，需确认购标信息、填写邮寄信息、发票信息、查看订单详情并进行支付，其中支付方式分为网上支付、电汇、现金、支票。点击【保存】并【提交】，若付款方式选择网上支付，则直接跳转至第三方支付页面进行支付，支付成功则可购买文件，如图 3－129 所示；若付款方式选择电汇、支票、现金等，则需财务人员进行复核，复核完成则购买成功。

**图 3－128　新增订单页面招标**

**图 3 - 129 订单支付页面——招标**

（注：在教学过程中，建议直接使用网上支付的方式购买文件。）

（3）文件购买成功后，点击菜单中的【文件下载】进入文件下载页面，选择对应的项目点击【确认下载】，即可下载该项目的招标文件及数据包，下载的文件为压缩包格式，如图 3 - 130 所示。

**图 3 - 130 文件下载页面——招标**

**提示：**

若为公开招标项目，设置不需购买文件则可直接下载文件；若为邀请招标项目，需确认邀请回执后进行文件购买（若需购买文件），设置不需购买文件则可直接下载文件；需购买文件的项目必须购买成功后才可进行文件下载。

## 四、提出澄清问题

1. 相关法律

《招标投标法实施条例》

第二十二条 潜在投标人或者其他利害关系人对资格预审文件有异议的，应当在提交资格预审申请文件截止时间 2 日前提出；对招标文件有异议的，应当在投标截止时间 10

日前提出。招标人应当自收到异议之日起 3 日内作出答复；作出答复前，应当暂停招标投标活动。

2. 操作流程

【投标管理】—【我的项目】—【操作】—【招标文件澄清管理】—【提出问题】—【保存】—【提交】—【招标文件澄清管理】—【项目经理回复澄清】—【确认】

3. 操作步骤

（1）下载招标文件后，若投标人对招标文件的内容存在疑问需招标人进行澄清时，可以通过系统向招标人提出澄清问题，并对招标人发出的澄清内容进行确认。如图 3 - 131 所示，点击【投标管理】菜单栏下的【我的项目】找到我的项目并点击【操作】进入项目主控台页面。

**图 3 - 131　项目主控台页面——招标文件澄清管理**

（2）点击【招标文件澄清管理】，如图 3 - 132 所示，进入查询澄清问题页面，点击【提出问题】添加相应的澄清问题。

**图 3 - 132　查询澄清问题页面——待添加**

（3）如图 3 - 133 所示，进入添加澄清问题页面，需要填写澄清问题的标题、内容，并上传相关附件，点击【保存】并【提交】，待招标人/项目经理进行回复。

**图 3 – 133　添加澄清问题页面**

（4）当招标人/项目经理回复之后，进入项目主控台点击【招标文件澄清管理】，在页面上方选择【项目经理回复/项目经理澄清】，如图 3 – 134 所示。

**图 3 – 134　查询澄清问题页面——待确认**

（5）进入澄清确认函页面，确认回复信息并点击【确认】，如图 3 – 135 所示；若有回执文件则需上传回执文件。当投标人收到招标人/项目经理主动发出的澄清时，操作步骤同上。

**图 3 – 135　澄清确认函页面——招标**

## 五、确认踏勘通知

1. 操作流程

【投标管理】—【我的项目】—【操作】—【踏勘通知】—【确认参加】／【不参加】—【发送】

2. 操作步骤

（1）招标人发布踏勘通知后，投标人可以点击【投标管理】中【我的项目】下的【操作】进入项目主控台页面，接收踏勘通知，并确认是否参加，如图3－136所示。

**图3－136　项目主控台页面——踏勘通知**

（2）点击【踏勘通知】，如图3－137所示，可查看踏勘通知的内容，并选择【确认参加】或【不参加】踏勘。

**图3－137　踏勘通知管理页面**

（3）点击【确认参加】，需填写投标人踏勘信息并点击【发送】至招标人，如图3－138所示。

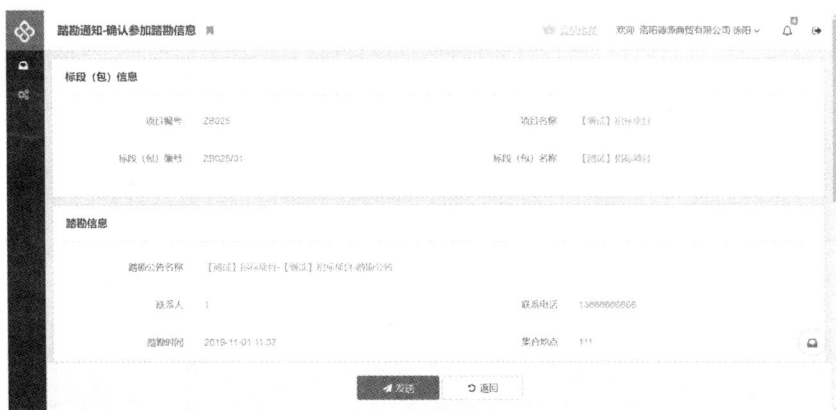

图 3 – 138　确认参加踏勘页面

## 六、编制资格预审申请文件/投标文件

1. 相关法律

《招标投标法》

第二十七条　投标人应当按照招标文件的要求编制投标文件。投标文件应当对招标文件提出的实质性要求和条件作出响应。招标项目属于建设施工的，投标文件的内容应当包括拟派出的项目负责人与主要技术人员的简历、业绩和拟用于完成招标项目的机械设备等。

第三十条　投标人根据招标文件载明的项目实际情况，拟在中标后将中标项目的部分非主体、非关键性工作进行分包的，应当在投标文件中载明。

第三十一条　两个以上法人或者其他组织可以组成一个联合体，以一个投标人的身份共同投标。联合体各方均应当具备承担招标项目的相应能力；国家有关规定或者招标文件对投标人资格条件有规定的，联合体各方均应当具备规定的相应资格条件。由同一专业的单位组成的联合体，按照资质等级较低的单位确定资质等级。联合体各方应当签订共同投标协议，明确约定各方拟承担的工作和责任，并将共同投标协议连同投标文件一并提交招标人。联合体中标的，联合体各方应当共同与招标人签订合同，就中标项目向招标人承担连带责任招标人不得强制投标人组成联合体共同投标，不得限制投标人之间的竞争。

第三十二条　投标人不得相互串通投标报价，不得排挤其他投标人的公平竞争，损害招标人或者其他投标人的合法权益。

投标人不得与招标人串通投标，损害国家利益、社会公共利益或者他人的合法权益。禁止投标人以向招标人或者评标委员会成员行贿的手段谋取中标。

第三十三条　投标人不得以低于成本的报价竞标，也不得以他人名义投标或者以其方式弄虚作假，骗取中标。

2. 操作流程

【创建投标文件】—【选择文件】—【上传商务主文件 PDF】—【签章】—【完成】—【确认完成】—【上传技术主文件 PDF】—【签章】—【完成】—【确认完成】—【专用表单】—【完成】—【上传价格主文件 PDF】—【合并表单】—【签章】—【完成】—【确认完成】—【开启关联】—【确认完成】—【生成投标文件】

3. 操作步骤

（1）电子招标投标下，投标人需在投标客户端中编制投标文件并对投标文件进行加密处理。打开投标客户端，点击【创建投标文件】模块，点击界面中的【选择文件】，从本地选择 ebid 格式的招标文件数据包，创建投标文件，如图 3 - 139 所示。

编制投标文件时，必须选择对应招标项目的数据包，否则无法递交投标文件。

**图 3 - 139　创建投标文件页面——招标**

（2）创建后进入投标文件编制页面，如图 3 - 140 所示；在商务文件编制页面中点击【主文件 PDF】后上传商务 PDF 文件，上传后点击【签章】进入文件签章页面进行签章。客户端具备单页签章和多页签章两种签章方式，签章完成后可点击【确认完成】完成商务主文件 PDF。

技术文件的编制方式同上。如有商务、技术响应专用表单，应当先填写表单，填写完毕后合并表单再进行签章。

如投标文件无附件可不进行上传，直接点击【确认完成】即可。

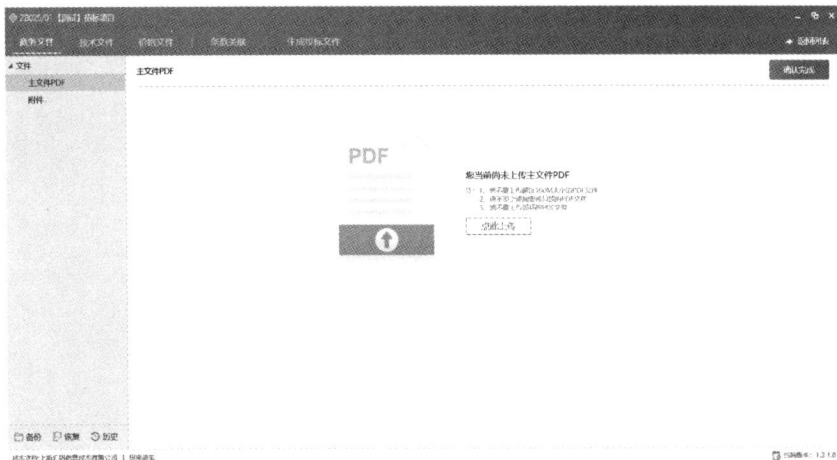

**图 3 – 140　上传商务文件页面——招标**

（3）完成商务、技术文件的编制后，进入价格文件编制页面；点击【开标一览表】（招标文件管理中设置的专用表单），如图 3 – 141 所示。完成专用表单的填写后，点击【主文件 PDF】后上传价格 PDF 文件，上传后点击【合并专用表单】将专用表单数据合并至价格文件中。

**图 3 – 141　填写开标一览表页面——招标**

（4）专用表单数据合并完成后点击【签章】进入文件签章页面进行签章，客户端具备单页签章和多页签章两种签章方式。签章完成后可点击【确认完成】完成价格主文件 PDF 的上传，如图 3 – 142 所示。

**图 3 – 142　上传价格文件页面——招标**

（5）完成价格文件的上传后进入条款关联页面。条款关联功能，旨在于帮助评标专家在评标时根据评标条款快速定位投标文件对应内容的页码。

点击【开启关联】后，可将评审条款逐项关联到投标文件的相应页面，先在页面左侧点击最低一级的评标条款，再点击页面右侧的投标文件对应页，投标文件页左上方显示"已关联"即完成关联动作；同一评标条款可关联多页；关联时可基于评标条款内容，选择商务、技术、价格文件分别进行关联；关联完成后点击【确认完成】完成条款关联操作，如图 3 – 143 所示。

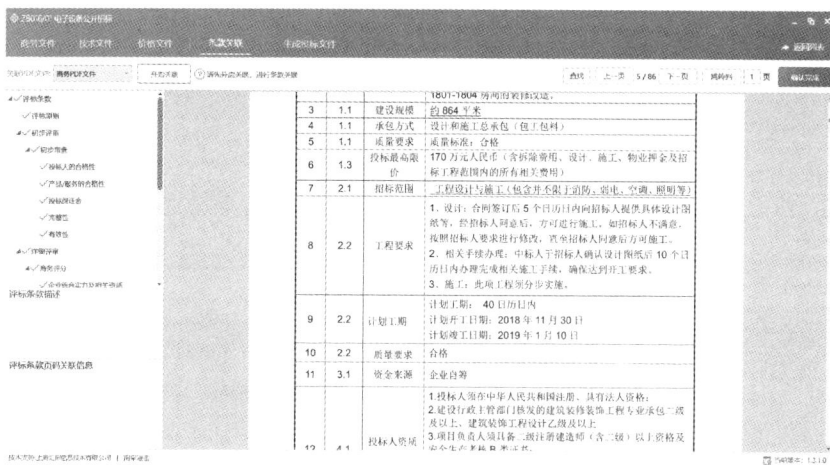

**图 3 – 143　条款关联页面——招标**

（6）完成条款关联操作后点击【生成投标文件】，进入生成投标文件页面。生成投标文件前请检查商务文件、技术文件、价格文件和条款关联部分是否均已确认完成，完成状态下，页面左侧显示绿色。

点击【生成投标文件】后，客户端对投标文件进行加密，如图 3 - 144 所示，加密过程中可为投标文件创建一个解密密码（密码信封解密方式），用于在开标解密时应对 CA 损坏、无法识别等意外情况。

生成的投标文件分为商务文件、技术文件、价格文件，均为加密的 etnd 格式，可将 etnd 格式的投标文件上传至电子招标投标交易平台。

图 3 - 144　生成投标文件页面——招标

**提示：**

加密后请勿擅自修改生成的投标文件名称，否则上传时系统可能无法识别。

## 七、递交资格预审申请文件/投标文件

1. 相关法律

《招标投标法》

第二十八条　投标人应当在招标文件要求提交投标文件的截止时间前，将投标文件送达投标地点。

第二十九条　投标人在招标文件要求提交投标文件的截止时间前，可以补充、修改或者撤回已提交的投标文件，并书面通知招标人。补充、修改的内容为投标文件的组成部分。

2. 操作流程

【系统管理】—【绑定 CA】—【输入 CA 密码】—【CA 登录】—【绑定】—【投标管理】—【我的项目】—【操作】—【递交投标文件】/【递交资格申请文件】—【保存】—【递交投标文件】/【递交资格申请文件】

3. 操作步骤

（1）递交投标/资格申请文件前应当先在投标人账号下绑定 CA，CA 主要用于身份的

识别和数据信息的加密。点击菜单栏下的【系统管理】，点击【绑定 CA】进入 CA 绑定页面，如图 3 - 145 所示。确保 CA 证书已连接电脑后，输入 CA 密码，点击【CA 登录】，页面中会显示该 CA 证书的机构名称、证书类型等信息，点击【绑定】后，即绑定成功。

（注：一把 CA 仅能绑定在一个投标人账号下，如系统提示"该 CA 已被绑定"，请检查该 CA 是否绑定在其他投标人账号下。一个投标人账号下可绑定多把 CA。）

**图 3 - 145 绑定 CA 页面——招标**

（2）文件下载完成并绑定 CA 完成后，可递交投标文件/资格申请文件。点击【投标管理】下的【我的项目】进入我的项目查询页面，如图 3 - 146 所示。

**图 3 - 146 我的项目查询页面——招标**

（3）点击【操作】，如图 3 - 147 所示，进入主控台页面，点击【递交投标文件】进入投标文件递交页面。

（4）进入递交投标文件页面，如图 3 - 148 和图 3 - 149 所示，需要填写联系人名称、手机号码等，并根据要求在对应位置上传 etnd 格式的商务文件、技术文件、价格文件。点击【保存】并【递交投标文件】，递交文件时需输入 CA 密码，密码输入正确后则文件递交成功，此时可在系统中下载回执。

图 3 - 147　项目主控台页面——递交投标文件

图 3 - 148　递交投标文件页面（1）

图 3 - 149　递交投标文件页面（2）

## 八、参与网上开标会

### 1. 相关法律

《招标投标法》

第三十五条　开标由招标人主持，邀请所有投标人参加。

第三十六条 开标时，由投标人或者其推选的代表检查投标文件的密封情况，也可以由招标人委托的公证机构检查并公证；经确认无误后，由工作人员当众拆封，宣读投标人名称、投标价格和投标文件的其他主要内容。

《电子招标投标办法》

第二十九条 电子开标应当按照招标文件确定的时间，在电子招标投标交易平台上公开进行，所有投标人均应当准时在线参加开标。

第三十一条 因投标人原因造成投标文件未解密的，视为撤销其投标文件；因投标人之外的原因造成投标文件未解密的，视为撤回其投标文件，投标人有权要求责任方赔偿因此遭受的直接损失。部分投标文件未解密的，其他投标文件的开标可以继续进行。

招标人可以在招标文件中明确投标文件解密失败的补救方案，投标文件应按照招标文件的要求作出响应。

**释义：**

本条规定了投标文件解密失败时的处理规则。

（1）解密失败问题的处理。尽管实践证明解密失败是小概率事件，但作为规范电子招标投标活动的规则，招标人应当预先考虑到当解密失败情形发生时的各种处理方法和预防措施，消除招标投标活动当事人使用电子招标投标系统的疑惑和顾虑，引导各方树立风险防范意识，配合招标人或者其委托的招标代理机构和电子招标投标交易平台做好风险防范工作。

解密失败的原因多种多样，本办法从归责角度分两种情况对解密失败进行处理。

1）因投标人原因造成投标文件未解密的，视为撤销其投标文件。投标时间截止后，投标有效期开始计算。投标有效期内的投标文件对招标人和投标人均具有法律约束力。电子开标时间（与投标截止时间为同一时间）已到表明已进入投标有效期，此时投标人不得撤销其投标，否则将削弱投标的竞争性。电子开标时，主持人要求投标人对投标文件进行解密。投标人不进行解密或因其数字证书保管不善导致遗失、错拿、未及时展期或输错密码等投标人自身原因未实现解密或者未完成解密，由此其他人员无法获知其投标文件的任何信息，所以本条规定视同其撤销投标文件。根据《招标投标法实施条例》第三十五条的规定，投标截止后投标人撤销投标文件的，招标人可以不退还投标保证金。投标保证金是否退还，由招标人在招标文件中明确。

2）因投标人之外的原因造成投标文件未解密的，视为撤回其投标文件。从合同订立的角度，投标属于要约。潜在投标人是否做出要约，完全取决于其自身的意愿。在电子招标投标活动中，投标人递交投标文件并按规定进行解密，是其做出要约的完整过程。投标文件在投标截止时间递交后，投标人有意愿且按规定在电子招标投标交易平台上做了解密过程的一系列操作，即做出了要约。由于其他原因导致电子招标投标交易平台未收到其准确的解密指令，投标人不存在过错情形，则不应当由其承担相应的法律责任。故本条将此情形视同投标文件撤回，目的是不影响开标的继续进行。对于投标文件的撤回，招标人应当根据《招标投标法实施条例》第三十五条的规定，及时退还其投标保证金。本条规定，投标人除依法要求招标人退还已缴纳的投标保证金外，有权向责任方赔偿其因此遭受的直接损失。这就意味着，当解密失败时，相关责任方将面临被追责乃至诉讼风险。

（2）对解密失败责任方的界定。电子文件的解密失败原因会涉及方方面面，除投标人自身原因外，可能存在以下主体服务不到位导致解密失败：

1）网络通信服务提供商。中国电信、中国移动、中国网通等网络运营商在提供网络服务过程中，如发生断网，或电力供应中断，解密人输入解密信息后导致解密信息传输不到电子招标投标交易平台服务器，故无法解密。

2）电子招标投标交易平台软件供应商。如电子招标投标交易平台软件存在功能缺陷或系统不稳定，可能会导致解密失败。

3）配套的应用软件提供商。如电子招标投标交易平台配套软件选择不当或选择了盗版的应用软件，也会导致解密失败。

4）其他情形。

（3）对部分投标文件已解密、部分投标文件未解密的处理。投标文件未解密则可分为全部未解密和部分未解密。全部未解密则开标过程自然终止。部分投标人的投标文件已解密、部分投标人的投标文件未解密的，如果投标文件已解密的投标人少于3个的，招标人或者其委托的招标代理机构视情况作出是否开标的处理。对依法必须进行的招标项目的应当依法重新招标；投标文件已解密的投标人达到3个以上的，开标可以继续进行。开标是否继续进行由招标人在招标文件中明确。

2. 操作流程

【投标管理】—【我的项目】—【操作】—【参加开标会】—【签到】—【解密】—【签名】

3. 操作步骤

（1）开标时间到达时，投标人应及时参与开标，且在电子招标投标模式下，投标人应当参与网上开标会，完成签到、解密投标文件、对开标一览表进行签名等工作。点击【投标管理】下的【我的项目】，如图3-150所示，进入我的项目页面，当所参加项目显示开标阶段时，点击【操作】进入项目主控台页面。

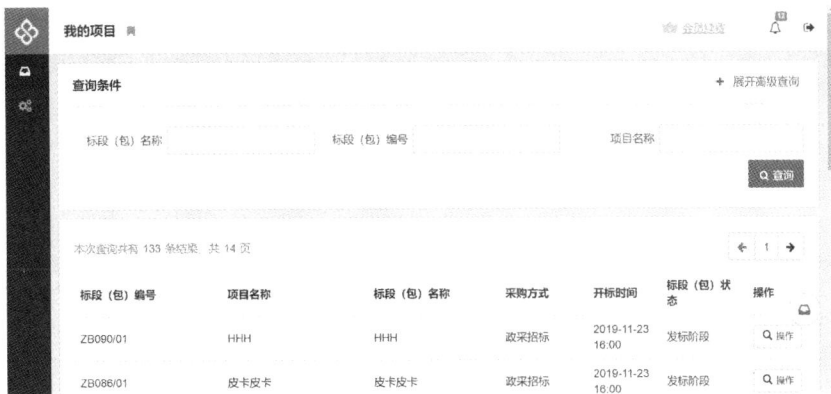

**图 3-150 我的项目查询页面——招标**

（2）如图 3 - 151 所示，进入项目主控台页面，点击【参加开标会】参与项目的网上开标活动。

**图 3 - 151　项目主控台页面——参加开标会**

（3）进入开标大厅，双击所要参与的项目，进入大厅即为签到成功，如图 3 - 152 所示。在项目经理下发开标记录表前，投标人仅能在开标大厅看见本人。

**图 3 - 152　开标大厅（已签到）——招标**

（4）如图 3 - 153 所示，待开标人开标后，开标大厅右侧将显示【请解密】，点击并选择 CA 解密或者选择其他方式（密码信封）解密，解密操作应在解密倒计时结束前完成，否则视为解密失败。

采用 CA 解密方式需确保 CA 已连接电脑，且账号下已绑定 CA 证书，输入 CA 密码，即可完成解密。

采用其他方式（密码信封）解密可直接输入投标文件加密时设置的密码字符，点击【确认】，即可完成解密。

（5）如图 3 - 154 所示，所有投标人解密完毕后，页面将显示"等待开标人发送开标记录表签名"，开标人发送记录表之后，右侧将显示【请签名】，点击并按提示完成。

签名仅支持使用 CA 进行签名，投标人未进行签名且未提出异议的，签名时间结束后将默认已签名。

（6）开标人结束开标后，即完成参与网上开标会。

图 3 – 153 开标大厅（请解密）——招标

图 3 – 154 开标大厅（请签名）——招标

## 九、投标文件澄清

1. 相关法律

《招标投标法》

第三十九条 评标委员会可以要求投标人对投标文件中含义不明确的内容作必要的澄清或者说明，但是澄清或者说明不得超出投标文件的范围或者改变投标文件的实质性内容。

《电子招标投标办法》

第三十三条 电子评标应当在有效监控和保密的环境下在线进行。根据国家规定应当进入依法设立的招标投标交易场所的招标项目，评标委员会成员应当在依法设立的招标投标交易场所登录招标项目所使用的电子招标投标交易平台进行评标。评标中需要投标人对投标文件澄清或者说明的，招标人和投标人应当通过电子招标投标交易平台交换数据电文。

2. 操作流程

【投标管理】—【我的项目】—【操作】—【评标问题澄清】—【回复】—【输入CA密码】

3. 操作步骤

（1）评标过程中，若评委会专家对投标人的文件存在疑问需投标人进行澄清的，投标人可在系统中对评委会专家提出的问题进行澄清回复。当所参加项目进入评标阶段，进入我的项目，点击【操作】，进入项目主控台页面。如图 3 - 155 所示，点击【评标问题澄清】可查看到评标过程中需投标人澄清的问题。

**图 3 - 155　项目主控台页面——招标评审问题澄清**

（2）如图 3 - 156 所示，点击【回复】，对项目经理发出的澄清问题进行回复。

**图 3 - 156　澄清问题查询页面——招标**

（3）进入澄清问题答复页面，如图 3 - 157 所示，需要进行回复内容的完善及上传答复附件，并点击【回复】，输入 CA 密码。

**图 3 - 157　澄清问题回复页面——招标**

（4）如图 3 - 158 所示，问题状态显示"已回复"，即回复成功。

**图 3 - 158　澄清问题已回复页面——招标**

## 十、查看通知书

1. 操作流程

【投标管理】—【我的项目】—【操作】—【中标候选人公示查看】—【中标结果公告查看】—【中标通知书查看】

2. 操作步骤

（1）评标结束后，可查看中标候选人中标结果公告、中标通知书等信息。点击【投标管理】下【我的项目】中的【操作】，进入项目主控台页面，如图 3 - 159 所示。

（2）在项目主控台中点击【中标候选人公示查看】可查看中标候选人公示信息，点击【中标结果公告查看】可查看中标结果公告信息，点击【中标通知书查看】可查看中标通知书，若未中标则查看的为招标结果通知书。

**图 3－159　项目主控台页面——中标结果查看**

# 第四节　专家操作实务

1. 相关法律

《招标投标法》

第三十九条　评标委员会可以要求投标人对投标文件中含义不明确的内容作必要的澄清或者说明，但是澄清或者说明不得超出投标文件的范围或者改变投标文件的实质性内容。

第四十条　评标委员会应当按照招标文件确定的评标标准和方法，对投标文件进行评审和比较；设有标底的，应当参考标底。评标委员会完成评标后，应当向招标人提出书面评标报告，并推荐合格的中标候选人。招标人根据评标委员会提出的书面评标报告和推荐的中标候选人确定中标人。招标人也可以授权评标委员会直接确定中标人。国务院对特定招标项目的评标有特别规定的，从其规定。

第四十四条　评标委员会成员应当客观、公正地履行职务，遵守职业道德，对所提出的评审意见承担个人责任。评标委员会成员不得私下接触投标人，不得收受投标人的财物或者其他好处。评标委员会成员和参与评标的有关工作人员不得透露对投标文件的评审和比较、中标候选人的推荐情况以及与评标有关的其他情况。

《招标投标法实施条例》

第五十一条　有下列情形之一的，评标委员会应当否决其投标：

（一）投标文件未经投标单位盖章和单位负责人签字；

（二）投标联合体没有提交共同投标协议；

（三）投标人不符合国家或者招标文件规定的资格条件；

（四）同一投标人提交两个以上不同的投标文件或者投标报价，但招标文件要求提交备选投标的除外；

（五）投标报价低于成本或者高于招标文件设定的最高投标限价；

（六）投标文件没有对招标文件的实质性要求和条件作出响应；

（七）投标人有串通投标、弄虚作假、行贿等违法行为。

第五十二条　投标文件中有含义不明确的内容、明显文字或者计算错误，评标委员会认为需要投标人作出必要澄清、说明的，应当书面通知该投标人。投标人的澄清、说明应当采用书面形式，并不得超出投标文件的范围或者改变投标文件的实质性内容。

评标委员会不得暗示或者诱导投标人作出澄清、说明，不得接受投标人主动提出的澄清、说明。

2. 操作流程

【项目跟踪】—【参评项目】—【评价】—【初步评审—待评审】—【生效】—【详细评审—待评审】—【生效】

3. 操作步骤

（1）专家登录专家账号进入系统，点击项目跟踪下的【参评项目】进入查询参评项目页面，如图3-160所示。

图3-160　查询参评项目页面

（2）专家进入查询参评项目页面后，选择"未完成"状态下的项目进行评审；点击查询参评项目页面中需评审项目的【评价】后，进入系统的评标管理页面（评标专家），如图3-161所示。

（3）专家可在评标管理页面点击初步评审下的【待评审】进入初步审查页面；若投标人编制投标文件需关联评审条款，则专家在评审时可实现精准评审（点击每一评审条款则可直接跳转至相应内容的页码）；查看相应内容后，专家可在右下角选择满足（√）、不满足（×）或不适用。

**图 3 – 161 评标管理——初步评审页面**

在单人评审模式下，页面仅显示一个投标人的投标文件，页面上方可切换不同投标人的投标文件，如图 3 – 162 所示；在对比评审模式下，页面显示两个投标人的投标文件，专家可以对相应内容进行对比、评价。

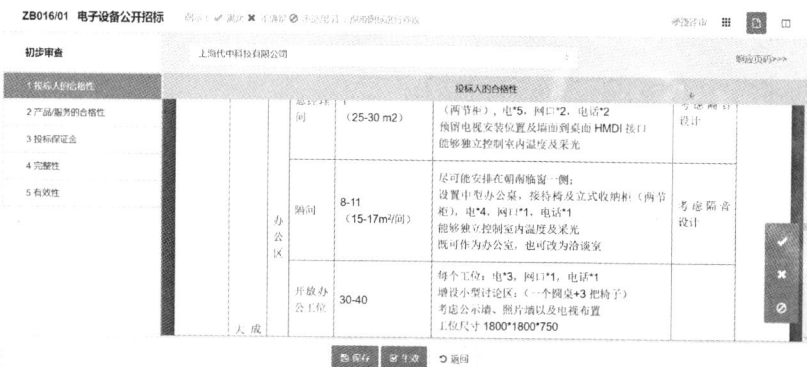

**图 3 – 162 初步评审——精准评审页面**

在评审页面，专家也可点击右上角的便捷评审进入便捷评审的页面，如图 3 – 163 所示；专家可直接在每一条评审条款选择评审结果，若在评审中有相关评议说明，可点击填写进行填写；点击【生效】后则该专家评审结果已生效。

**图 3 – 163 初步评审——便捷评审页面**

（4）项目经理/专家组长完成初步评审汇总后，专家可进行详细评审；按上述步骤进入评审管理页面，如图 3 – 164 所示；选择详细评审下的【待评审】进入详细评审页面，如图 3 – 165 所示；同初步评审操作，但在详细评审中评审条款一般为打分项，专家可在右下角填写该评审条款的分数。

**图 3 – 164　评标管理——详细评审页面**

**图 3 – 165　详细评审——精准评审页面**

在详细评审页面中，专家也可通过便捷评审切换评审页面，便捷评审页面如图 3 – 166 所示；评审条款为打分项时，超出最高分值的打分，系统将提示不予接受；满分项，系统将以橙色高亮显示。对每一条款有评审意见的，可以点击分数框旁边的图标填写评审意见。给所有评审条款打分完成后，可点击【生效】将评审结果生效。

**图 3 – 166 详细评审——便捷评审页面**

**提示：**

系统中各评审阶段是串行结构，即上一个评审阶段汇总后，下一个评审阶段才能开始；但在评审条款设置时，评审阶段的评审方式可设置为并行评审或串行评审；并行即阶段内各评审节点可同时评审，没有评审顺序的约束；串行即上一个评审节点完成后才可开始下一评审节点的评审。通常初步评审为符合性审查，设置的评审节点类型为评审项（满足、不满足、不适用）；详细评审阶段中一般有商务评审、技术评审节点，设置的评审节点类型为打分项（在设置的分值范围打分）。

本书其他采购方式的系统操作中，评标专家的操作流程均一致，书中将不再重复描述。

# 第五节 保证金管理

1. 相关法律

《招标投标法实施条例》

第二十六条 招标人在招标文件中要求投标人提交投标保证金的，投标保证金不得超过招标项目估算价的2%。投标保证金有效期应当与投标有效期一致。依法必须进行招标的项目的境内投标单位，以现金或者支票形式提交的投标保证金应当从其基本账户转出。招标人不得挪用投标保证金。

第五十七条 招标人最迟应当在书面合同签订后5日内向中标人和未中标的投标人退还投标保证金及银行同期存款利息。

2. 操作流程

投标人—递交保证金：【投标管理】—【我的项目】—【主控台】—【保证金管理】—【添加保证金】—【生效】

招标人—核实保证金：【财务管理】—【保证金管理】—【保证金核实】—【核

实】—【核实通过】

招标人—退还保证金：【主控台】—【保证金管理】—【保证金退款】—【提交审批】—【财务管理】—【保证金管理】—【保证金退款（线下）】—【退款】

3. 操作步骤

（1）投标人—递交保证金。

1）投标保证金是指投标人按照招标文件的要求向招标人出具的，以一定金额表示的投标责任担保，投标保证金可以为现金、保函、银行汇票、支票等。投标人点击【主控台】进入主控台操作页面，如图 3 - 167 所示；在主控台中点击【保证金管理】进入保证金管理页面，如图 3 - 168 所示。

图 3 - 167　投标人主控台页面——保证金管理

图 3 - 168　保证金管理页面

2）投标人在保证金管理页面点击【添加保证金】进入添加保证金页面，如图 3 - 169 所示；填写投标人信息、保证金汇款信息、关联标段（包）信息后可直接点击【生效】；保证金的支付方式有现金、电汇、保函、汇票、支票，若选择保函方式则保证金直接递交成功不需复核，若选择非保函方式递交保证金，则需进行复核，复核成功则保证金递交成功。

图 3 - 169　添加保证金页面

（2）招标人—核实保证金。

1）招标人的财务人员登录系统，点击菜单【财务管理】—【保证金管理】—【保证金核实】进入查询保证金页面，如图 3 - 170 所示。

图 3 - 170　查询保证金页面

2）在保证金查询页面找到所需核对的保证金信息项目，点击【核实】则可进入保证金核实页面，如图 3 - 171 所示。

3）在核实保证金页面可查看投标人信息、保证金汇款信息、关联标段（包）信息，核对无误后可点击【核实通过】，核实通过则投标人保证金递交成功。

（3）招标人—退还保证金。

1）项目经理点击【主控台】进入主控台操作页面，点击【保证金管理】进入保证金管理页面，如图 3 - 172 所示。

图 3－171　核实保证金页面

图 3－172　管理保证金页面

2）项目经理点击【保证金退款】进入保证金退款页面，填写退款的金额后可点击【提交审批】提交退款申请，保证金退款管理页面，如图 3－173 所示。

图 3－173　保证金退款管理页面

3）保证金退款申请审批成功后，由财务人员进入系统点击【财务管理】—【保证金管理】—【保证金退款（线下）】进入查询线下保证金退款页面，如图 3 – 174 所示。

图 3 – 174  线下保证金退款页面

4）在查询线下保证金退款页面找到需退保证金的项目，点击【退款】则完成退款操作。

# 第六节  实战演练

## 一、系统实训

1. 请按照如下要求设置评审条款：

设置四个评审阶段，分别为初步审查、商务评审、技术评审、价格评审；初步审查阶段中的评审节点采用评审项方式评审，商务、技术阶段中的评审节点采用评分项的方式评审，价格评审中采用直线斜率法的价格评审方式；其中商务、技术、价格总分为 100 分，商务占比 30%、技术占比 40%、价格占比 30%。

2. 采用投标文件客户端编制投标文件，并将投标文件与评审条款一一关联。

3. 请采用随机抽取且语音通知的方式，为多个标段联合组建一个成员数量为 7 人的评标评委会，其中招标人代表 2 人，专家 5 人（从水运工程、民航工程、建材工业工程机械设备类、工程施工、经济管理五大类专业下选择）。抽取倍数为 2 倍，需对招标人、投标人、招标代理机构单位人员信息进行屏蔽。

## 二、思考题

1. 在电子招投标系统中，专家是如何实现精准评标，请描述具体的评标步骤。

2. 在资格预审中，是否可编制价格的开标一览表？请阐述理由。

3. 在电子招投标活动中，开标时部分投标人解密失败是否能继续招标活动？

4. 在评审过程中，评委会专家组成员因身体原因中途不能完成所有评审，该专家评审的结果是否有效？应采取什么措施？

5. 在电子招投标活动中，可实现远程异地评标，专家可在任何地点任何场所进行评标吗？请阐述理由。

# 第四章　竞争性谈判采购操作实务

◇　**学习导航**

掌握竞争性谈判采购的流程

掌握竞争性谈判采购活动中各环节涉及的法律法规

◇　**教学建议**

备课要点：竞争性谈判采购的操作实务、竞争性谈判采购活动涉及的法律法规的理解

教授方法：讲授、系统实操、启发式

扩展知识领域：竞争性谈判采购的特点

立体化教材——操作教学视频

# 第一节　竞争性谈判采购简要流程

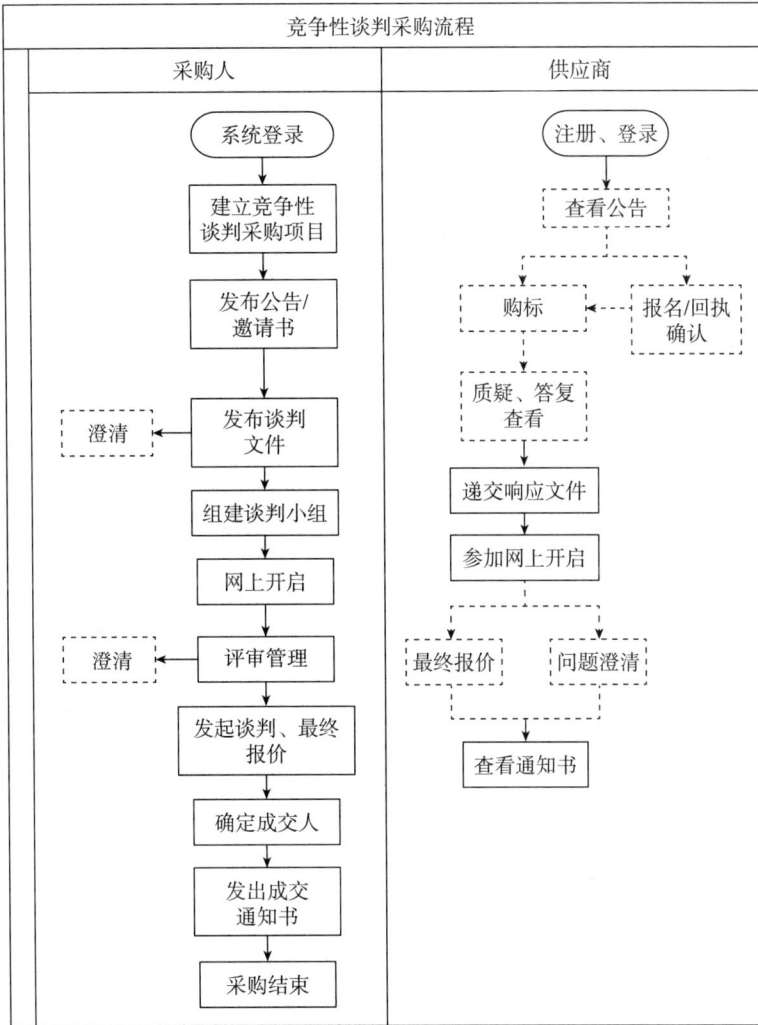

| 竞争性谈判采购流程 | |
| --- | --- |
| 采购人 | 供应商 |

```
采购人                              供应商

  系统登录                        注册、登录
     │                               │
建立竞争性                        查看公告
谈判采购项目                         │
     │                    ┌──────────┴──────────┐
 发布公告/              购标  ◄────  报名/回执
 邀请书                    │              确认
     │                     │
         ┌─ 发布谈判     质疑、答复
  澄清 ◄─┤   文件          查看
         └─               │
     │                递交响应文件
 组建谈判小组              │
     │                参加网上开启
  网上开启                 │
     │          ┌─────────┴─────────┐
  澄清 ◄─ 评审管理    最终报价    问题澄清
     │              └─────────┬─────────┘
发起谈判、最终          查看通知书
  报价
     │
 确定成交人
     │
 发出成交
 通知书
     │
  采购结束
```

# 第二节　竞争性谈判采购流程操作实务

## 一、系统登录

进入任意浏览器，在网址栏输入指定地址进入电子招标投标交易平台，选择【密码登录】登录演示专用账号，如图 4-1 所示。

图4-1 系统登录页面——竞争性谈判（项目经理）

## 二、建立竞争性谈判采购项目

1. 相关法律

《政府采购法》

第三十条 符合下列情形之一的货物或者服务，可以依照本法采用竞争性谈判方式采购：

（一）招标后没有供应商投标或者没有合格标的或者重新招标未能成立的；

（二）技术复杂或者性质特殊，不能确定详细规格或者具体要求的；

（三）采用招标所需时间不能满足用户紧急需要的；

（四）不能事先计算出价格总额的。

《政府采购法实施条例》

第二十五条 政府采购工程依法不进行招标的，应当依照政府采购法和本条例规定的竞争性谈判或者单一来源采购方式采购。

2. 操作流程

【采购方案】—【采购立项】—【添加项目】—【确定】—【保存】—【提交审批】—【项目已生效】

3. 操作步骤

（1）点击菜单栏中的【采购方案】出现隐藏菜单，如图4-2所示。

（2）点击【采购立项】进入查询采购立项页面，点击【添加项目】，如图4-3所示，建立竞争性谈判采购项目。

（3）进入项目基本信息页面，如图4-4所示，"＊"为必填项，选择"政府采购"及"竞争性谈判"即为建立竞争性谈判采购项目，点击【确定】即进入新增政府采购非招标项目页面。

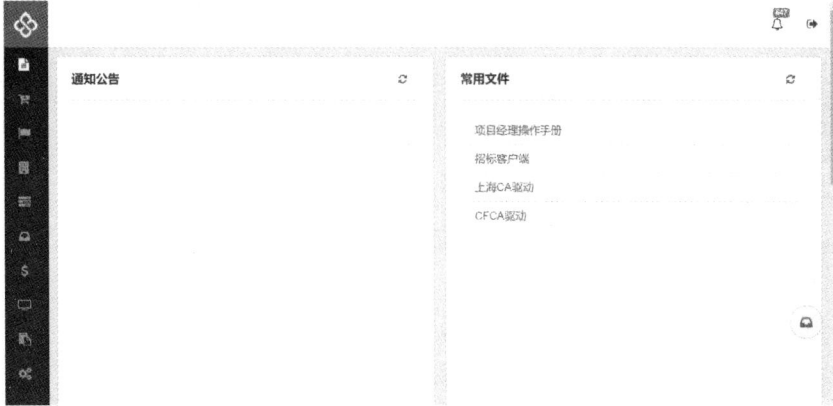

**图 4 - 2　采购立项页面——竞争性谈判**

**图 4 - 3　查询采购立项页面——竞争性谈判**

**图 4 - 4　项目基本信息页面——竞争性谈判**

（4）新建政府采购非招标项目需填写项目信息，如图 4 - 5 所示；各个参数的选择将影响竞争性谈判的后续流程。

**图 4 - 5　竞争性谈判建项页面**

如采购方式可选择"供应商报名"／"推荐供应商",选择"供应商报名"即为公开的竞争性谈判采购项目,在后续的流程中发布竞争性谈判公告邀请不特定潜在供应商;选择"推荐供应商"即为邀请的竞争性谈判采购项目,在后续流程中将发布竞争性谈判邀请书邀请特定潜在供应商。"是否需要购标"选择"是",则在编辑公告/邀请书时需填写文件出售信息,且供应商需购买文件。

(5)根据实际情况及要求填制完成后,点击【保存】可对项目信息进行保存;再点击【提交审批】后项目即可交由审批人员审批。

(6)项目审批时需进行审批信息操作,如图 4 - 6 所示,左边长框选择"审批待选人员",点击箭头添加至右边"已选审批人员",点击【提交】,项目提交至审批人员审批。

**图 4 - 6　审批信息操作页面**

(7)审批通过后,点击菜单栏中的【采购立项】进入采购立项查询页面,确认项目已生效后,则成功建立竞争性谈判采购项目。

**提示:**

(1)出现灰色长框,为客观选择项,点击长框左侧放大镜,根据要求查询并选中所需选项,点击【选择】完成操作。

(2)在查询采购立项页面,审批过程中,可点击【明细】查看审批进度及审批人员。

(3)为提高教学的便捷性,建议所有审批均选择当前账号人员为审批人员。

### 三、竞争性谈判公告编制与发布

1. 相关法律

《政府采购非招标采购方式管理办法》（财政部令第 74 号）

第十二条　采购人、采购代理机构应当通过发布公告、从省级以上财政部门建立的供应商库中随机抽取或者采购人和评审专家分别书面推荐的方式邀请不少于 3 家符合相应资格条件的供应商参与竞争性谈判或者询价采购活动。

符合政府采购法第二十二条第一款规定条件的供应商可以在采购活动开始前加入供应商库。财政部门不得对供应商申请入库收取任何费用，不得利用供应商库进行地区和行业封锁。

采取采购人和评审专家书面推荐方式选择供应商的，采购人和评审专家应当各自出具书面推荐意见。采购人推荐供应商的比例不得高于推荐供应商总数的 50%。

第二十九条　从谈判文件发出之日起至供应商提交首次响应文件截止之日止不得少于 3 个工作日。

提交首次响应文件截止之日前，采购人、采购代理机构或者谈判小组可以对已发出的谈判文件进行必要的澄清或者修改，澄清或者修改的内容作为谈判文件的组成部分。澄清或者修改的内容可能影响响应文件编制的，采购人、采购代理机构或者谈判小组应当在提交首次响应文件截止之日 3 个工作日前，以书面形式通知所有接收谈判文件的供应商，不足 3 个工作日的，应当顺延提交首次响应文件截止之日。

2. 操作流程

【政府采购】—【竞争性谈判项目】—【主控台】—【公告编辑】/【投标邀请书编辑】—【保存】—【提交审批】—【公告发布】/【投标邀请书发出】—【发布】

3. 操作步骤

（1）竞争性谈判公告。

1）点击菜单【政府采购】下的【竞争性谈判项目】，进入竞争性谈判项目查询页面，查找已建立的竞争性谈判项目，如图 4-7 所示。

**图 4-7　竞争性谈判项目查询页面**

2）若项目为公开竞争性谈判，则需编辑并发布竞争性谈判公告。点击【主控台】进入项目主控台页面，如图4-8所示。

**图4-8 项目主控台页面——竞争性谈判公告编辑**

3）点击【公告编辑】进入编辑公告页面，需填写项目信息、标段（包）选择、报名信息、采购文件信息、文件出售信息、响应文件递交信息、公告基本信息设置、公告内容等，如图4-9所示。完成公告编辑后点击【保存】可对公告信息进行保存；点击【提交审批】后公告即可交由审批人员审批。

**图4-9 竞争性谈判公告编辑页面**

公告编辑页面所设置的时间节点，将影响后续流程的时间控制。如设置响应文件递交截止时间及开启时间后，供应商仅能在该时间前递交响应文件，交易平台拒绝接受该时间后递交的响应文件。

4）审批通过后，点击项目主控台页面中【公告发布】，进入发布公告页面，如图4-10所示；查看信息无误后，点击【发布】，公告即可成功发布。

**图 4 – 10　项目主控台页面——竞争性谈判公告发布**

（2）竞争性谈判邀请书。

1）点击菜单栏中的【政府采购】，进入子菜单【竞争性谈判项目】选择已建立的竞争性谈判项目，点击【主控台】进入主控台页面，如图 4 – 11 所示。

**图 4 – 11　项目主控台页面——竞争性谈判投标编辑**

2）邀请书的编辑与公告编辑基本相同，但投标邀请编辑页面，需要选择邀请的供应商。其中，供应商须先注册本平台账号进入本机构的供应商库，方可被选择。点击【投标邀请】，需填写项目信息、是否网上售标、文件发售开始时间、文件发售结束时间、澄清问题提交截止时间、响应文件递交信息、投标邀请书内容等相关信息，并选择邀请的供应商，如图 4 – 12 和图 4 – 13 所示。投标邀请书编辑完成后点击【保存】可对投标邀请书信息进行保存；点击【提交审批】后投标邀请书即可提交至审批人员审批。

3）审批通过后点击主控台中【投标邀请发出】进入发布页面，如图 4 – 14 所示；查看信息无误后点击【发布】，邀请书即可成功发布。被邀请的供应商登录平台后可查收邀请书。

图 4 – 12　竞争性谈判投标邀请编辑页面（1）

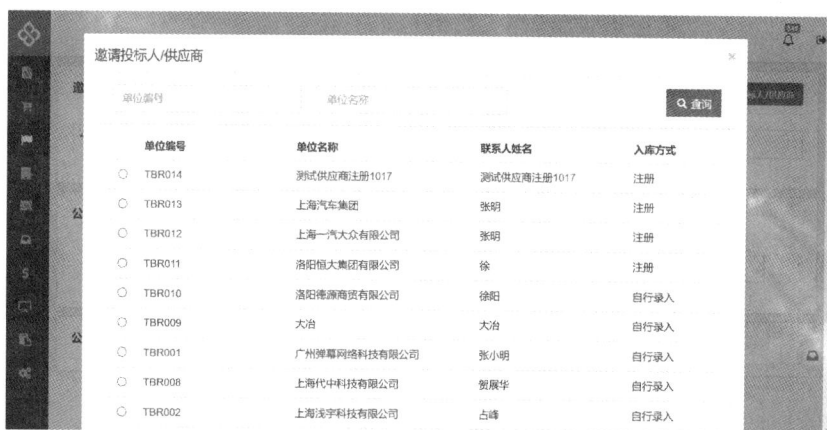

图 4 – 13　竞争性谈判投标邀请编辑页面（2）

图 4 – 14　项目主控台页面——竞争性谈判投标邀请发出

**提示：**

（1）操作过程中公告审批通过后，主控台页面才可看到【公告发布】／【投标邀请发出】字段信息。公告发布后，主控台页面才可看到【邀请回执查看】、【投标邀请变更】字段信息。

（2）在邀请书发出后可点击主控台中【补充邀请】进行供应商的补充邀请操作。

## 四、竞争性谈判文件编制与发布

1. 相关法律

《政府采购法》

第三十八条　采用竞争性谈判方式采购的，应当遵循下列程序：

（一）成立谈判小组。谈判小组由采购人的代表和有关专家共三人以上的单数组成，其中专家的人数不得少于成员总数的三分之二。

（二）制定谈判文件。谈判文件应当明确谈判程序、谈判内容、合同草案的条款以及评定成交的标准等事项。

（三）确定邀请参加谈判的供应商名单。谈判小组从符合相应资格条件的供应商名单中确定不少于三家的供应商参加谈判，并向其提供谈判文件。

《政府采购法实施条例》

第三十条　采购人或者采购代理机构应当在招标文件、谈判文件、询价通知书中公开采购项目预算金额。

《政府采购非招标采购方式管理办法》

第十条　谈判文件、询价通知书应当根据采购项目的特点和采购人的实际需求制定，并经采购人书面同意。采购人应当以满足实际需求为原则，不得擅自提高经费预算和资产配置等采购标准。

谈判文件、询价通知书不得要求或者标明供应商名称或者特定货物的品牌，不得含有指向特定供应商的技术、服务等条件。

第十一条　谈判文件、询价通知书应当包括供应商资格条件、采购邀请、采购方式、采购预算、采购需求、采购程序、价格构成或者报价要求、响应文件编制要求、提交响应文件截止时间及地点、保证金交纳数额和形式、评定成交的标准等。

谈判文件除本条第一款规定的内容外，还应当明确谈判小组根据与供应商谈判情况可能实质性变动的内容，包括采购需求中的技术、服务要求以及合同草案条款。

2. 操作流程

【政府采购】—【竞争性谈判项目】—【主控台】—【采购文件管理】—【编辑文件】—【提交】—【编制专用表单】—【完成】—【设定评标条款】—【完成】—【生成数据包】—【保存】—【提交审批】—【审批通过】—【采购文件发出】—【全部发出】

3. 操作步骤

（1）点击菜单栏中的【政府采购】下的【竞争性谈判项目】，进入竞争性谈判项目查询页面，选择已建立的竞争性谈判项目，点击项目下的【主控台】进入主控台页面，如图 4 – 15 所示。

**图 4 – 15　项目主控台页面——竞争性谈判采购文件管理**

（2）政府采购中，竞争性谈判通常选用最低评标价法确定成交供应商，即在符合采购需求、质量和服务相等的前提下，以提出最低报价的供应商作为成交供应商。因此，系统直接将竞争性谈判的评审办法内设为最低评标价法。点击【采购文件管理】，进入文件管理页面，如图 4 – 16 所示。按顺序操作，需上传谈判文件、编制专用表单，设置评审条款，生成数据包。具体操作如下：

**图 4 – 16　竞争性谈判文件管理查询页面**

1）谈判文件编辑。点击文件管理—查询页面中的【编辑文件】图标进入文件管理—新增页面，如图 4 – 17 所示；在新增页面中，需完成竞争性谈判文件的上传并确定文件下载/发售时间和响应文件递交截止及开启时间，若公告/邀请书已编制完成则文件出售/下载时间和响应文件递交截止及开启时间系统将自动带出。编辑完成后点击【提交】即可完成编辑文件部分。

2）项目专用表单编制。项目专用表单为采购文件中常用的业务表单，在竞争性谈判中，通常有开启一览表、分项报价表。点击文件管理—查询页面中的【表单编制】图标进入项目专用表单管理页面，在系统中表单编制可分为从历史项目表单引用、从表单库中引用、新建我的表单三种方式，如图4-18所示，新建的专用表单可选择开标一览表、分项报价表、技术参数表等5种类型的表格，如图4-19所示。

**图4-17 文件管理—新增页面——竞争性谈判**

**图4-18 专用表单页面——竞争性谈判**

**图4-19 编制表单信息页面——竞争性谈判**

3) 评审条款编制。点击文件管理—查询页面中的【评标条款编制】图标进入评审条款设定页面，系统将默认选中一个评分原则，如图4-20所示；系统将给出默认的评审阶段、评审节点、评审条款，项目经理可根据实际情况重新选择评分原则并对评审阶段、评审节点、评审条款进行增加、删除等操作，如图4-21所示。点击【完成】即可完成评审条款编制部分。

政府采购的竞争性谈判项目评审时通常采用最低评标价法。评审条款的设置操作流程与招标项目一致，详见第三章第二节。

图4-20 选择评分原则页面——竞争性谈判

图4-21 设置评审条款页面——竞争性谈判

(3) 完成文件编辑、评审条款设置、专用表单的编制后点击【生成数据包】，完成数据包的生成；完成竞争性谈判文件编辑后，点击【保存】可对竞争性谈判文件信息进行保存；再点击【提交审批】即可提交至审批人员审批，如图4-22所示。

(4) 审批通过后则可发出采购文件，进入项目主控台页面，如图4-23所示。点击【采购文件发出】进入文件发出页面，点击【全部发出】，即完成竞争性谈判文件的发出工作。

**图 4 - 22 竞争性谈判文件页面——文件已生成**

**图 4 - 23 项目主控台页面——竞争性谈判采购文件发出**

提示：

采购文件只有在公告/邀请书发布后才能发出。

## 五、竞争性谈判公告变更及文件澄清

1. 相关法律

《政府采购非招标采购方式管理办法》

第二十九条 从谈判文件发出之日起至供应商提交首次响应文件截止之日止不得少于3个工作日。

提交首次响应文件截止之日前，采购人、采购代理机构或者谈判小组可以对已发出的谈判文件进行必要的澄清或者修改，澄清或者修改的内容作为谈判文件的组成部分。澄清或者修改的内容可能影响响应文件编制的，采购人、采购代理机构或者谈判小组应当在提交首次响应文件截止之日3个工作日前，以书面形式通知所有接收谈判文件的供应商，不足3个工作日的，应当顺延提交首次响应文件截止之日。

2. 操作流程

谈判公告变更:【政府采购】—【竞争性谈判项目】—【主控台】—【变更公告编辑】—【保存】—【提交审批】—【主控台】—【变更公告发布】—【发布】

谈判文件澄清:【政府采购】—【竞争性谈判项目】—【主控台】—【采购文件澄清管理】—【回复/提出澄清】—【保存】—【生效】—【发出】

3. 操作步骤

(1) 谈判公告变更。

1) 点击菜单栏中的【政府采购】下的【竞争性谈判项目】,进入竞争性谈判项目查询页面,选择已建立的竞争性谈判项目,点击项目下的【主控台】进入主控台页面,如图 4-24 所示,点击【变更公告编辑】可对采购文件发售开始时间、文件发售结束时间、澄清问题提交截止时间、响应文件递交截止时间及开标时间等进行编辑,点击【保存】可对公告信息进行保存;点击【提交审批】后公告即可交由审批人员审批。

图 4-24 竞争性谈判变更公告页面

2) 审批通过后进入主控台页面,如图 4-25 所示,点击【变更公告发布】进入发布公告页面,查看信息无误后点击【发布】,变更公告即可发布。

图 4-25 项目主控台页面——竞争性谈判变更公告发布

（2）谈判文件澄清。

1）采购文件编制完成并发布后，若文件存在问题或供应商对采购文件提出质疑则可进行文件澄清。点击菜单栏中的【政府采购】下的【竞争性谈判项目】，选择已建立的竞争性谈判项目，点击项目下的【主控台】进入主控台页面，如图4-26所示。

**图4-26　项目主控台页面——竞争性谈判采购文件澄清**

2）点击【采购文件澄清管理】进入采购文件澄清管理页面，此页面可查看投标人/供应商提出的问题、项目经理回复/澄清的记录。

若需要对竞争性谈判文件进行澄清，可以点击页面右侧【回复/提出澄清】，对竞争性谈判文件进行澄清操作，如图4-27所示。进入回复/提出澄清的页面后，需对澄清提出方式进行选择。澄清提出方式为"回复疑问"，需选择对应的供应商问题记录，回复供应商提出问题；澄清提出方式为"提出澄清"，需主动添加澄清内容，如图4-28所示。如需修改文件递交截止时间，也可以在此页面进行修改。

**图4-27　采购文件澄清管理页面——竞争性谈判**

**图 4 - 28　回复/提出澄清页面——竞争性谈判**

澄清内容必须对所有供应商发布,因此在多标段(包)情况下,澄清对象可以选择该项目标段(包)下所有供应商,也可以选择该项目下所有标段(包)供应商。被选择的澄清对象可以在系统中查收到该澄清内容。

如果澄清或修改内容涉及专用表单和评审条款的变更,可点击采购文件澄清页面右下方的【数据包变更澄清】,在该页面内重新编制、生成数据包。对数据包进行变更澄清后,供应商需重新下载数据包,依据最新的数据包在投标文件客户端编制响应文件。

3)澄清内容编辑完成后,点击【生效】则澄清内容生效;此时采购文件澄清管理页面如图 4 - 29 所示,操作栏将显示可发出,点击【发出】即可向供应商发出文件澄清。

**图 4 - 29　采购文件澄清管理页面——竞争性谈判**

## 六、组建谈判小组

### 1. 相关法律
《政府采购非招标采购方式管理办法》

第七条 竞争性谈判小组或者询价小组由采购人代表和评审专家共3人以上单数组成，其中评审专家人数不得少于竞争性谈判小组或者询价小组成员总数的2/3。采购人不得以评审专家身份参加本部门或本单位采购项目的评审。采购代理机构人员不得参加本机构代理的采购项目的评审。

达到公开招标数额标准的货物或者服务采购项目，或者达到招标规模标准的政府采购工程，竞争性谈判小组或者询价小组应当由5人以上单数组成。

采用竞争性谈判、询价方式采购的政府采购项目，评审专家应当从政府采购评审专家库内相关专业的专家名单中随机抽取。技术复杂、专业性强的竞争性谈判采购项目，通过随机方式难以确定合适的评审专家的，经主管预算单位同意，可以自行选定评审专家。技术复杂、专业性强的竞争性谈判采购项目，评审专家中应当包含1名法律专家。

2. 操作流程

【政府采购】—【竞争性谈判项目】—【主控台】—【组建谈判小组】—【保存】—【确定】—【综合办公】—【专家抽取】—【评标委员会】—【组建评委会】—【抽取评标专家】—【抽取】—【选中】—【保存】—【提交审批】

3. 操作步骤

（1）点击菜单栏中的【政府采购】下的【竞争性谈判项目】进入竞争性谈判项目查询页面，选择已建立的竞争性谈判项目，点击项目下的【主控台】进入主控台页面，点击【组建谈判小组】，需填写组建评委会方式、评审专家人数、采购人代表人数等，如图4-30所示。其中组建评委会方式有随机抽取、直接指定、外部平台抽取三种。

**图4-30 申请评委会页面——竞争性谈判**

（2）若组建评委会方式选择随机抽取，则需添加抽取条件，如图4-31所示；若选择直接指定或外部平台抽取，则需选择评委成员相关信息。示例操作中将以随机抽取的方式组建评委会。

（3）若选择随机抽取，则由项目经理填写评委会信息并提交抽取申请，专家抽取专员根据申请信息进行抽取。抽取专员在【综合办公】的【专家抽取】菜单中进入【评标委员会】页面，选择需组建评委会的项目，点击【组建评委会】查看并保存评委会主信息后进入抽取专家页面，点击【抽取】进行专家的随机抽取工作，如图4-32和图4-33所示。

（注：为提高教学的便捷性，系统赋予项目经理抽取专员的操作权限，即项目经理可直接进行专家抽取工作。）

**图4-31 申请评委会页面——竞争性谈判**

**图4-32 查询评委会列表页面——竞争性谈判**

**图4-33 抽取评审专家页面——竞争性谈判**

（4）抽取专家的工作完成后，需在处理结果中选中专家，点击【保存】可对抽取专家信息进行保存，如图4-34所示；点击【提交审批】后抽取结果即可交由审批人员审批。

图4-34　抽取专家页面——竞争性谈判

（5）审批通过后，该项目组建评标委员会的状态为"已完成"。

**提示：**

谈判小组由采购人的代表和有关专家共3人以上的单数组成，其中专家的人数不得少于成员总数的2/3。

## 七、网上开启

1. 操作流程

开启设置：【政府采购】—【竞争性谈判项目】—【主控台】—【开标设置】—【保存】

网上开启：【政府采购】—【竞争性谈判项目】—【主控台】—【开标】/【开标（网页版）】—【开标】—【发送开标记录表】—【查看开标记录表】—【开标结束】

2. 操作步骤

（1）开启设置。

1）在响应文件递交截止时间前，需在系统中进行开启设置；点击菜单中【政府采购】下的【竞争性谈判项目】进入竞争性谈判项目查询页面，点击【主控台】进入主控台页面。

2）点击【开标设置】，需确认解密时限、签名时限、是否启用无人开启、选择监标人和列席人员、选择标段（包）信息等，点击【保存】可对开启设置进行保存，如图4-35所示。

**图 4 - 35　开启设置页面——竞争性谈判**

（2）网上开启。

1）点击菜单栏中的【政府采购】下的【竞争性谈判项目】进入竞争性谈判项目查询页面，选择已建立的竞争性谈判项目，在所选项目的主控台页面点击【开标】，选择今日开启项目公示牌上的标室名称，进入开启大厅，如图 4 - 36 所示。

**图 4 - 36　开启大厅页面——竞争性谈判**

2）进入开启大厅后，告示牌上方有开启倒计时，同时显示供应商进入大厅、签到的信息，告示牌左边有已完成操作的供应商计数。在无人开启模式下，项目经理在响应截止时间到达时进入开启大厅自动开启并自动进入开启解密倒计时阶段。在非无人模式下，当响应截止时间倒计时结束时，项目经理可点击【请开标】黄色箭头开启，如图 4 - 37 所示；开启后进入供应商解密阶段，开启解密倒计时。

3）下达解密指令后，供应商可进行解密，当所有参与开启的供应商都解密完成后，系统提示"发送开启记录表"；项目经理点击【发送开标记录表】，谈判供应商即可查看、下载开启一览表，并对开启一览表进行签名。无人开启自动下发开启记录表，开启签名倒计时，如图 4 - 38 所示。

图 4 - 37　开启大厅页面（请开启）——竞争性谈判

图 4 - 38　发送开启记录表页面——竞争性谈判

4）开启人可点击【查看开标记录表】，查阅供应商的报价；当所有供应商签名结束可点击【开标结束】；无人开启模式下自动开启结束，关闭开启大厅，完成网上开启，结束开启后退出开启大厅，如图 4 - 39 所示。开启结束后无法再进入项目的开启大厅，此时可点击项目主控台中的开启过程记录表查看记录。

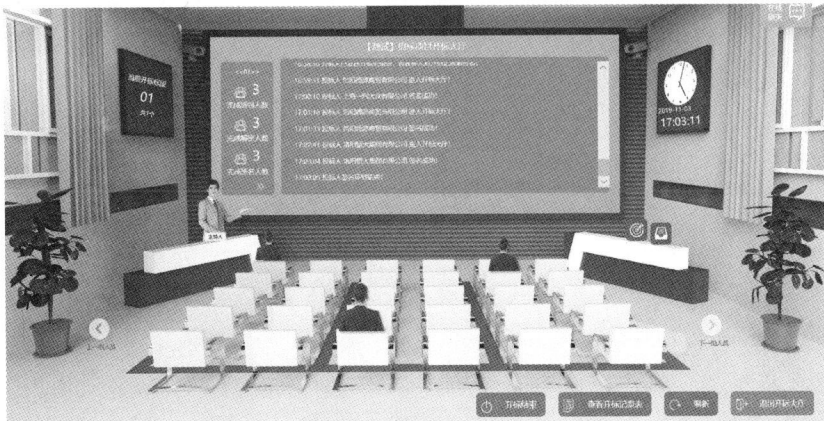

图 4 - 39　结束开启页面——竞争性谈判

## 八、评审管理

1. 相关法律

《政府采购法》

第二十五条　政府采购当事人不得相互串通损害国家利益、社会公共利益和其他当事人的合法权益；不得以任何手段排斥其他供应商参与竞争。

供应商不得以向采购人、采购代理机构、评标委员会的组成人员、竞争性谈判小组的组成人员、询价小组的组成人员行贿或者采取其他不正当手段谋取中标或者成交。

第三十八条　采用竞争性谈判方式采购的，应当遵循下列程序：

（一）成立谈判小组。谈判小组由采购人的代表和有关专家共三人以上的单数组成，其中专家的人数不得少于成员总数的三分之二。

（二）制定谈判文件。谈判文件应当明确谈判程序、谈判内容、合同草案的条款以及评定成交的标准等事项。

（三）确定邀请参加谈判的供应商名单。谈判小组从符合相应资格条件的供应商名单中确定不少于三家的供应商参加谈判，并向其提供谈判文件。

（四）谈判。谈判小组所有成员集中与单一供应商分别进行谈判。在谈判中，谈判的任何一方不得透露与谈判有关的其他供应商的技术资料、价格和其他信息。谈判文件有实质性变动的，谈判小组应当以书面形式通知所有参加谈判的供应商。

（五）确定成交供应商。谈判结束后，谈判小组应当要求所有参加谈判的供应商在规定时间内进行最后报价，采购人从谈判小组提出的成交候选人中根据符合采购需求、质量和服务相等且报价最低的原则确定成交供应商，并将结果通知所有参加谈判的未成交的供应商。

《政府采购法实施条例》

第三十五条　谈判文件不能完整、明确列明采购需求，需要由供应商提供最终设计方案或者解决方案的，在谈判结束后，谈判小组应当按照少数服从多数的原则投票推荐3家以上供应商的设计方案或者解决方案，并要求其在规定时间内提交最后报价。

第四十一条　评标委员会、竞争性谈判小组或者询价小组成员应当按照客观、公正、审慎的原则，根据采购文件规定的评审程序、评审方法和评审标准进行独立评审。采购文件内容违反国家有关强制性规定的，评标委员会、竞争性谈判小组或者询价小组应当停止评审并向采购人或者采购代理机构说明情况。

评标委员会、竞争性谈判小组或者询价小组成员应当在评审报告上签字，对自己的评审意见承担法律责任。对评审报告有异议的，应当在评审报告上签署不同意见，并说明理由，否则视为同意评审报告。

第四十二条　采购人、采购代理机构不得向评标委员会、竞争性谈判小组或者询价小组的评审专家作倾向性、误导性的解释或者说明。

2. 操作流程

【政府采购】—【竞争性谈判项目】—【主控台】—【评审准备】—【启动评审】—【评审管理】—【初步评审待汇总】—【汇总】—【谈判过程待汇点】—【发送

谈判通知】—【新增谈判记录】—【发起最终报价】—【结束报价】—【价格评审待汇总】—【汇总】—【汇总全部完成】—【待确认】—【待生成】—【待生成】—【选择签名方式】—【评审结束】

3. 操作步骤

（1）点击系统菜单中【政府采购】下的【竞争性谈判项目】进入竞争性谈判项目查询页面，找到已建立的竞争性谈判项目，点击【主控台】进入项目主控台页面，如图4-40所示。在主控台页面点击【评审准备】进入评审准备页面后，根据项目情况添加"评审组长""监标人""评审附件"等信息，点击【启动评审】，如图4-41所示。

如有评审组长，可设置评审组长角色，评审组长牵头组织评审工作，承担评审节点的汇总工作。

如需分配评审节点，可将各个节点分配至相应的专家进行评审。

**图4-40 项目主控台页面——竞争性谈判评审管理**

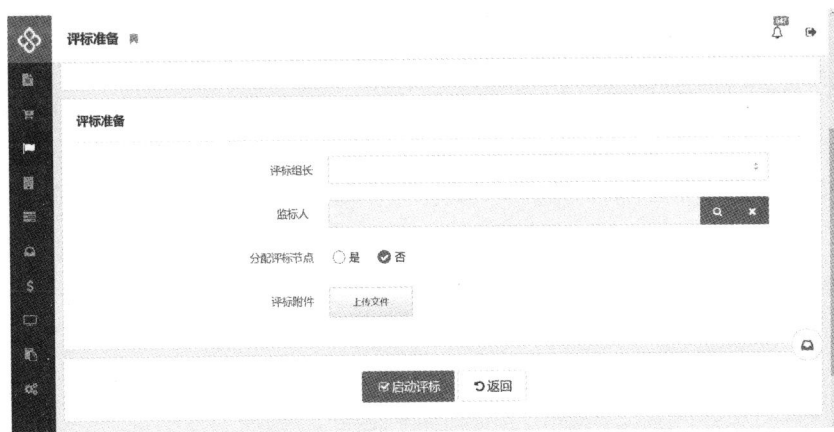

**图4-41 评审准备页面——竞争性谈判**

（2）进入项目主控台，点击【评审管理】，当所有专家初步评审完毕，点击"初步评审"下的【待汇总】，如图4-42所示，查看汇总初步评审信息。

**图4-42 初步评审待汇总页面——竞争性谈判**

（3）汇总时可在"结论"一栏查看供应商是否符合要求，在"总述"一栏修改评议说明，完成后点击【汇总】，如图4-43所示。

**图4-43 初步评审汇总页面——竞争性谈判**

（4）初步评审汇总完成后可进行详细评审。在此示例项目中详细评审的评审节点为谈判过程、价格比较。初步评审汇总后，点击谈判过程下的【待汇总】，对谈判过程节点进行汇总，如图4-44所示。

（5）进入谈判情况列表界面后，点击【发送谈判通知】向供应商发送谈判通知；谈判结束后，点击【新增谈判记录】上传最新的金额信息、商务条款、谈判记录附件，如图4-45所示。

（6）谈判过程中，可点击【发起最终报价】选择最终报价截止时间，进入供应商提交最终报价阶段，如图4-46所示。到达报价截止时间后点击【结束报价】可结束最终报价阶段。

**图 4 - 44　谈判过程待汇总页面——竞争性谈判**

**图 4 - 45　新增谈判记录页面——竞争性谈判**

**图 4 - 46　发起最终报价页面——竞争性谈判**

（7）谈判过程汇总完成后，点击评审管理页面中"价格比较"选项下方的【待汇总】，对供应商的最新报价进行评审，如图 4 - 47 所示。

**图 4 - 47　价格比较待汇总页面——竞争性谈判**

（8）进入价格计算页面后，可按照实际情况修正供应商的报价，系统将自动计算出供应商最终的评审价格，点击【完成】后完成价格评审。表格按供应商的评审价格由低到高依次排名，评审价格最低的为第一名，如图 4 - 48 所示。

**图 4 - 48　供应商的评审价格排名——竞争性谈判**

（9）价格评审结束后点击评审管理页面下方的"评审汇总"右侧的【待确认】，如图 4 - 49 所示；进入页面确认信息无误后，点击【汇总全部完成】并点击【确定】完成评审汇总，如图 4 - 50 所示。

（10）点击"评审表格"右侧的【待生成】，如图 4 - 51 所示；进入评审表格信息页面生成综合评审表格，如评审表格内容需调整，则可上传调整后的综合评审表格，结束后点击【完成】则完成评审表格的生成，如图 4 - 52 所示。

**图4-49 评审汇总待确认页面——竞争性谈判**

**图4-50 确认评审汇总页面——竞争性谈判**

**图4-51 评审表格待生成页面——竞争性谈判**

**图 4 – 52　评审表格生成页面——竞争性谈判**

（11）点击"评审报告，监督报告"右侧的【待生成】，进入评审报告信息页面，上传调整后的综合评审报告（必传）和调整后的监督报告（可不传），点击【保存】后返回，如图 4 – 53 和图 4 – 54 所示。

**图 4 – 53　评审报告待生成页面——竞争性谈判**

**图 4 – 54　评审报告生成页面——竞争性谈判**

（12）在评审管理页面的右下角点击【选择签名方式】，选择专家签名方式（教学过程中应采用纸质签名方式），选择纸质签名后可调整相应表格，完成后点击【评审结束】，如图4-55所示，再点击【确定】即结束评审。

**图4-55 结束评审页面——竞争性谈判**

提示：
评审过程中若需澄清，可直接参照书中第三章第二节。

## 九、确定成交人与发出成交通知书

1. 相关法律采购
《政府采购法实施条例》
第四十三条 采购代理机构应当自评审结束之日起2个工作日内将评审报告送交采购人。采购人应当自收到评审报告之日起5个工作日内在评审报告推荐的中标或者成交候选人中按顺序确定中标或者成交供应商。

采购人或者采购代理机构应当自中标、成交供应商确定之日起2个工作日内，发出中标、成交通知书，并在省级以上人民政府财政部门指定的媒体上公告中标、成交结果，招标文件、竞争性谈判文件、询价通知书随中标、成交结果同时公告。

中标、成交结果公告内容应当包括采购人和采购代理机构的名称、地址、联系方式，项目名称和项目编号，中标或者成交供应商名称、地址和中标或者成交金额，主要中标或者成交标的的名称、规格型号、数量、单价、服务要求以及评审专家名单。

《政府采购非招标采购方式管理办法》
第三十六条 采购代理机构应当在评审结束后2个工作日内将评审报告送采购人确认。

采购人应当在收到评审报告后5个工作日内，从评审报告提出的成交候选人中，根据质量和服务均能满足采购文件实质性响应要求且最后报价最低的原则确定成交供应商，也可以书面授权谈判小组直接确定成交供应商。采购人逾期未确定成交供应商且不提出异议的，视为确定评审报告提出的最后报价最低的供应商为成交供应商。

2. 操作流程

【政府采购】—【竞争性谈判项目】—【主控台】—【确定成交人】—【完成】—【成交公告】—【成交通知书处理】—【通知书编辑】—【提交审批】—【生成编号】—【发出】

3. 操作步骤

（1）竞争性谈判项目不需要发布成交候选人公示。评审完成后可在主控台页面点击【确定成交人】，如图4－56所示；进入确定成交人页面后可再次上传项目的附件或是补充项目说明，在确定成交人选项内勾选成交的供应商，点击【完成】，如图4－57所示。

图4－56　项目主控台页面——竞争性谈判确定成交人

图4－57　确定中标人页面——竞争性谈判

（2）确定成交人后回到主控台页面，点击【成交公告】进入成交公告编辑页面；可按照公告模板生成公告，也可以直接在线编辑公告，如图4－58所示。完成公告编辑后点击【提交审批】，审批通过后回到项目主控台页面，点击【成交公告发出】便可发出成交结果公告。

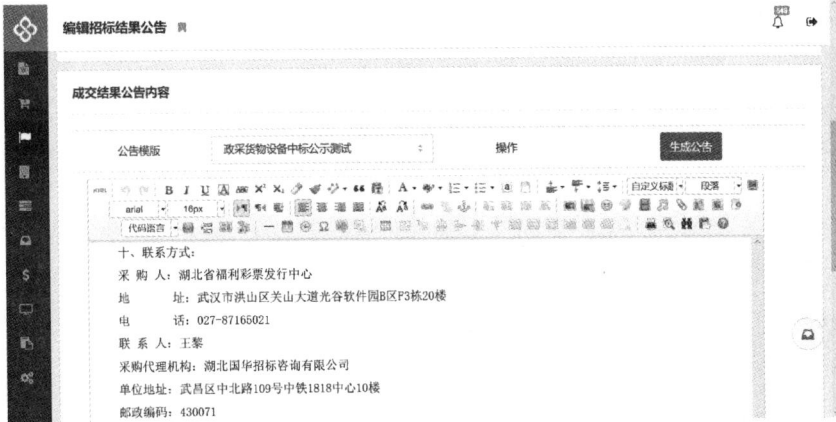

**图 4 – 58　成交结果公告页面——竞争性谈判**

（3）成交结果公告发出后，点击主控台的【成交通知书处理】，如图 4 – 59 所示；进入查询成交通知书页面，点击【通知书编辑】，如图 4 – 60 所示；进入编辑成交通知书页面后，上传附件（当成交金额变动，重新生成预览文件），点击【提交审批】将成交通知书提交至审批人员审批，如图 4 – 61 所示。

**图 4 – 59　项目主控台页面——竞争性谈判成交通知书处理**

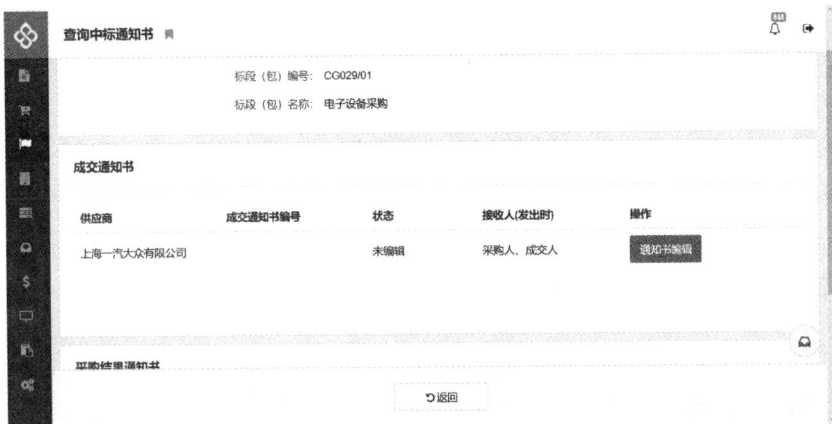

**图 4 – 60　查询成交通知书页面（未编辑）——竞争性谈判**

图 4 - 61　成交通知书编辑页面——竞争性谈判

（4）审批通过后点击【生成编号】，如图 4 - 62 所示；再点击【发出】将成交通知书发至成交供应商。

图 4 - 62　成交通知书查询页面（待生成编号）——竞争性谈判

（5）编辑成交通知书后向未成交的供应商发送采购结果通知；在同一页面的采购结果通知书下点击【通知书编辑】，后续操作与编辑成交通知书类似，如图 4 - 63 所示。

（6）审批通过后点击【生成】再点击【发出】将采购结果通知书发至未成交的供应商，如图 4 - 64 和图 4 - 65 所示。

提示：

在特殊情况下，若需要重新评审，在主控台页面点击【重新评审】，进入重新评审信息页面后添加重新评审原因，点击【重新评标】。在通知书发出后，如果需要重新选择成交的供应商，在主控台页面点击【重新确定成交人】，填写重新选择供应商的理由后，在成交人表格中重新选择。

**图 4 - 63　采购结果通知书编辑页面——竞争性谈判**

**图 4 - 64　采购结果通知书生成页面——竞争性谈判**

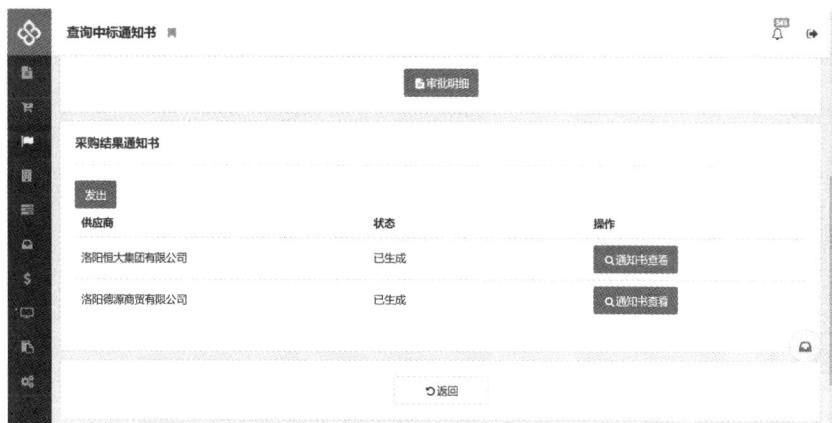

**图 4 - 65　采购结果通知书可发出页面——竞争性谈判**

# 十、采购结束

## 1. 相关法律

《政府采购法》

第四十二条 采购人、采购代理机构对政府采购项目每项采购活动的采购文件应当妥善保存，不得伪造、变造、隐匿或者销毁。采购文件的保存期限为从采购结束之日起至少保存十五年。

采购文件包括采购活动记录、采购预算、招标文件、投标文件、评标标准、评估报告、定标文件、合同文本、验收证明、质疑答复、投诉处理决定及其他有关文件、资料。

采购活动记录至少应当包括下列内容：

（一）采购项目类别、名称；

（二）采购项目预算、资金构成和合同价格；

（三）采购方式，采用公开招标以外的采购方式的，应当载明原因；

（四）邀请和选择供应商的条件及原因；

（五）评标标准及确定中标人的原因；

（六）废标的原因；

（七）采用招标以外采购方式的相应记载。

2. 操作流程

【政府采购】—【竞争性谈判项目】—【主控台】—【采购结束】—【结束项目】—【确定】—【归档管理】—【移交（针对包）】—【确定】

3. 操作步骤

（1）点击【政府采购】下的【竞争性谈判项目】进入竞争性谈判项目查询页面，点击【主控台】进入主控台页面。在主控台页面点击【采购结束】进入页面后点击【结束项目】，再点击【确定】结束采购，如图4-66所示。

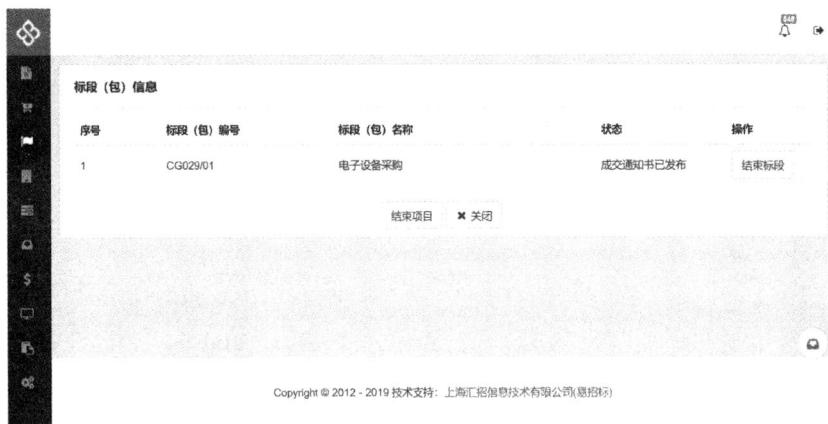

**图4-66 采购结束页面——竞争性谈判**

（2）在主控台页面点击【归档管理】进入归档信息处理页面，上传补充文件或删除重复文件后点击【移交（针对包）】再点击【确定】完成归档工作，如图4-67所示。

图 4 - 67　归档管理页面——竞争性谈判

# 第三节　供应商操作实务

## 一、供应商注册

1. 操作流程

【输入网址】—【没有账号？立即注册】—【立即注册】

2. 操作步骤

(1) 进入任意浏览器，在网址栏输入指定地址进入电子招标投标交易平台系统登录页面，如图 4 - 68 所示。

图 4 - 68　用户注册页面——竞争性谈判

（2）点击系统登录页面中【没有账号？立即注册】，进入用户注册页面信息页面，按照提示及要求完善相关信息，如地区、证件类型、企业名称等。

（3）在用户注册页面进行用户注册分为四步，分别为企业注册、完善信息、用户审批、注册成功，在用户注册信息页面编辑完成后，点击【立即注册】等待用户审批，审批完成后则注册成功。

## 二、在线报名

1. 操作流程

【投标管理】—【在线报名】—【报名】—【提交】

2. 操作步骤

（1）项目为公开且需要报名时，供应商点击左侧菜单栏【投标管理】中的【在线报名】进入所有可报名的项目列表，如图 4 – 69 所示。

**图 4 – 69　在线报名页面——竞争性谈判**

（2）在在线报名页面，点击项目右侧的【报名】进入网上报名页面，如图 4 – 70 所示。填写报名信息后点击【提交】则报名信息提交成功。

**图 4 – 70　填写报名信息页面——竞争性谈判**

**提示：**

供应商的报名信息发送后，需项目经理在报名管理中进行查看审核，确认报名通过则供应商报名成功。

## 三、确认邀请回执

1. 操作流程

【投标管理】—【邀请回执】—【确认参加】—【发送】

2. 操作步骤

（1）当项目为邀请时供应商需对采购人发出的邀请进行回复。供应商点击左侧菜单栏中【投标管理】下的【邀请回执】进入邀请回执管理页面，如图4-71所示。

**图4-71　邀请回执管理页面——竞争性谈判**

（2）点击项目右侧的【确认参加】，跳转至投标确认页面后填写相关信息，点击【发送】完成邀请回执的发送，如图4-72所示。

**图4-72　邀请确认页面——竞争性谈判**

## 四、购买与下载谈判文件

**1. 操作流程**

【购买文件】—【立即购买】—【保存】—【提交】—【文件下载】—【确认下载】

**2. 操作步骤**

（1）当项目设置需要购买文件时，若为公开需报名的项目则在报名通过后可进行文件的购买；若为邀请项目则在发送邀请回执后可进行文件购买；购买文件时，在界面左侧菜单栏的投标管理中点击【购买文件】，如图4－73所示。

**图4－73 售标管理页面——竞争性谈判**

（2）点击【立即购买】进入新增订单页面，如图4－74所示；需确认购标信息、填写邮寄信息、发票信息、查看订单详情并进行支付，其中支付方式分为网上支付、电汇、汇票、现金、支票，点击【保存】保存订单信息，再点击【提交】。若付款方式选择网上支付时则直接跳转至第三方支付页面进行支付，如图4－75所示；若付款方式选择电汇、支票、现金，则需财务人员进行复核，复核完成则购买成功。

**图4－74 新增订单页面——竞争性谈判**

**图4-75 订单支付页面——竞争性谈判**

（注：在教学过程中，建议直接使用网上支付的方式购买文件。）

（3）文件购买成功后，点击【文件下载】找到项目并点击【确认下载】下载采购文件，可根据采购文件的数据包在客户端编制响应文件，如图4-76所示。

**图4-76 文件下载页面——竞争性谈判**

## 五、提出澄清问题

1. 操作流程

【投标管理】—【我的项目】—【操作】—【采购文件澄清查看】—【投标人/供应商提出的问题】—【提出问题】

2. 操作步骤

（1）点击左侧菜单栏【投标管理】内【我的项目】查询已参加的项目，如图4-77所示。

**图 4 - 77 我的项目页面——竞争性谈判发标阶段**

（2）点击项目右侧的【操作】进入主控台后点击【采购文件澄清查看】，如图 4 - 78 所示。

**图 4 - 78 采购文件澄清查看页面——竞争性谈判**

（3）进入查询澄清问题页面后，选择【投标人/供应商提出的问题】点击右侧【提出问题】。进入添加澄清问题页面补充澄清问题标题、澄清问题内容、澄清问题附件后，点击【提交】，如图 4 - 79 所示。

**图 4 - 79 添加澄清问题页面——竞争性谈判**

**提示:**

如果采购期间有多个问题提出，请重复步骤（3）。

提出问题后若有回复，则在步骤（3）的查询澄清问题页面选择【项目经理回复/澄清】，点击项目右侧的【查看】可查看采购人/项目经理对提出问题的回答。

## 六、编制响应文件

1. 操作流程

【创建投标文件】—【选择文件】—【上传商务主文件 PDF】—【签章】—【完成】—【确认完成】—【上传技术主文件 PDF】—【签章】—【完成】—【确认完成】—【专用表单】—【完成】—【上传价格主文件 PDF】—【合并表单】—【签章】—【完成】—【确认完成】—【开启关联】—【确认关联】—【生成投标文件】

2. 操作步骤

（1）打开投标客户端点击【创建投标文件】模块，点击界面中的【选择文件】，从本地选择 ebid 格式的采购文件数据包，创建响应文件，如图 4-80 所示。

编制响应文件时，必须选择对应采购项目的数据包，否则无法递交响应文件。

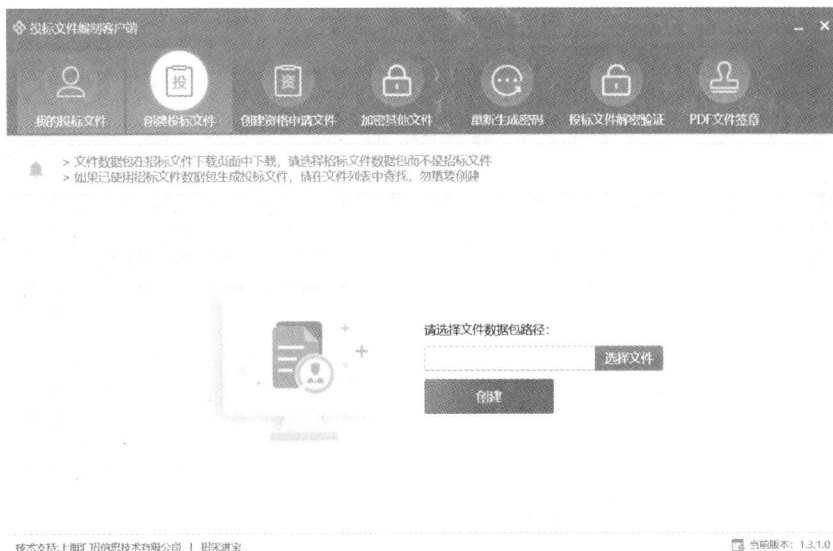

**图 4-80　创建响应文件——竞争性谈判**

（2）创建后进入响应文件编制页面，如图 4-81 所示；在商务文件编制页面中点击【主文件 PDF】，上传商务 PDF 文件，上传后点击【签章】进入文件签章页面进行签章。客户端具备单页签章和多页签章两种签章方式，签章完成后可点击【确认完成】，完成商务主文件 PDF 的上传。

技术文件的编制方式同上。如有商务、技术响应专用表单应当先填写表单，填写完毕后合并表单，再进行签章。

如响应文件无附件可不进行上传，直接点击【确认完成】即可。签章时需插入 CA 并输入 CA 密码。

**图 4 – 81　上传商务文件——竞争性谈判**

（3）商务、技术文件的编制后，进入价格文件编制页面；点击【开标一览表】（采购文件管理中设置的专用表单），如图 4 – 82 所示。完成专用表单的填写后，点击【主文件PDF】后上传价格 PDF 文件，上传后点击【合并专用表单】将专用表单数据合并至价格文件中。

**图 4 – 82　填写开启一览表**

（4）专用表单数据合并完成后点击【签章】进入文件签章页面进行签章，客户端具备单页签章和多页签章两种签章方式。签章完成后可点击【确认完成】完成价格主文件

PDF 的上传, 如图 4 - 83 所示。

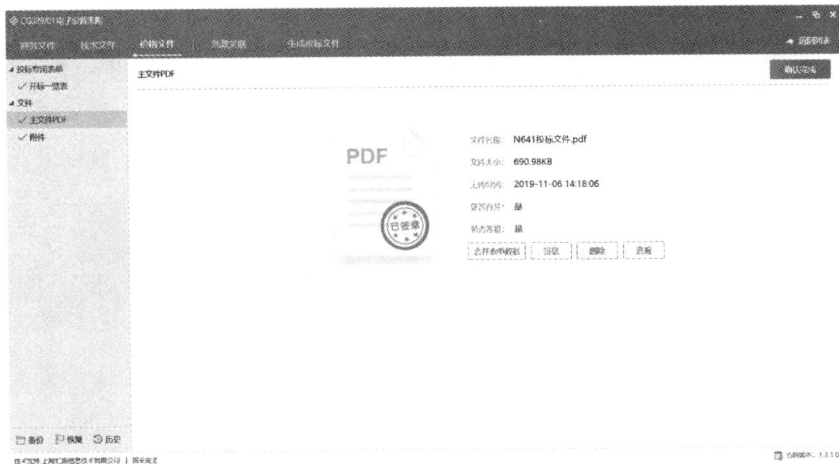

**图 4 - 83　上传价格文件——竞争性谈判**

(5) 完成价格文件的上传后进入条款关联页面。条款关联功能旨在帮助评审专家在评审时根据评审条款快速定位响应文件对应内容的页码。

点击【开启关联】后可将评审条款逐项关联到响应文件的相应页面, 先在页面左侧点击最低一级的评审条款, 再点击页面右侧的响应文件对应页, 响应文件页左上方显示"已关联"即完成关联动作; 同一评审条款可关联多页; 关联时可基于评审条款内容, 选择商务、技术、价格文件分别进行关联; 关联完成后点击【确认关联】完成条款关联操作, 如图 4 - 84 所示。

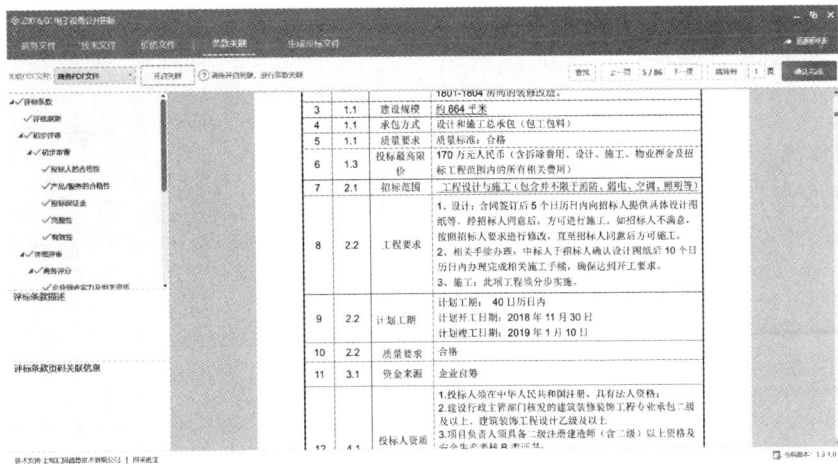

**图 4 - 84　条款关联页面——竞争性谈判**

(6) 完成条款关联操作后, 点击【生成投标文件】进入生成响应文件页面。生成响应文件前请检查商务文件、技术文件、价格文件和条款关联部分是否均已确认完成，完成状态下，页面左侧显示绿色√。

点击【生成投标文件】后，客户端对响应文件进行加密，如图 4 - 85 所示，在加密过程中可为响应文件创建一个解密密码（密码信封解密方式），用于开启解密时应对 CA 损坏、无法识别等意外情况。

生成的响应文件分为商务文件、技术文件、价格文件，均为加密的 etnd 格式，可将 etnd 格式的响应文件上传至电子招标投标交易平台。

**图 4 - 85  生成响应文件页面——竞争性谈判**

**提示：**
加密后请勿擅自修改生成的响应文件名称，否则上传时系统可能无法识别。

## 七、递交响应文件

1. 操作流程

【系统管理】—【绑定 CA】—【输入 CA 密码】—【CA 登录】—【绑定】—【投标管理】—【我的项目】—【操作】—【递交响应文件】—【上传文件】—【递交响应文件】

2. 操作步骤

（1）递交文件前应当先在供应商账号下绑定 CA。点击菜单栏下的【系统管理】，点击【绑定 CA】进入 CA 绑定页面，如图 4 - 86 所示。确保 CA 证书已连接电脑后，输入 CA 密码点击【CA 登录】，页面中会显示该 CA 证书的机构名称、证书类型等信息，点击【绑定】后，即绑定成功。

（注：一把 CA 仅能绑定在一个供应商账号下，如系统提示"该 CA 已被绑定"，请检查该 CA 是否绑定在其他供应商账号下。一个供应商账号下可绑定多把 CA。）

**图 4 - 86　绑定 CA 页面——竞争性谈判**

（2）在项目的主控台点击【递交响应文件】进入上传响应文件页面，如图 4 - 87 所示；在该页面中需填写联系人相关信息并递交响应文件。

**图 4 - 87　上传响应文件页面——竞争性谈判**

（3）在上传响应文件选项下，分别点击【上传文件】上传商务文件、技术文件、价格文件，如图 4 - 88 所示。上传完成后点击【递交响应文件】输入 CA 密码则完成响应文件的递交。

**图 4 - 88　上传响应文件页面——竞争性谈判**

## 八、参与网上开启

1. 操作流程

【投标管理】—【我的项目】—【操作】—【参加开标会】—【签到】—【解密】—【签名】

2. 操作步骤

（1）当开启时间到达时，供应商应准时参加网上开启。如图 4 - 89 所示，点击【投标管理】下【我的项目】进入我的项目页面，当所参加项目显示开启阶段，点击【操作】进入项目主控台页面。

**图 4 - 89　我的项目查询页面——开启阶段**

（2）如图 4 - 90 所示，进入项目主控台页面，所参加项目进行开启后点击【参加开标会】。

**图 4 - 90　项目主控台页面——竞争性谈判参与开启会**

（3）如图4-91所示，进入开启大厅，即代表签到成功。在项目经理下发开启记录表前供应商仅能在开启大厅看见本公司信息。

图4-91　开启大厅（已签到）页面——竞争性谈判

（4）如图4-92所示，待开启人开启后，开启大厅右侧将显示【请解密】，点击并选择CA解密或者选择其他方式（密码信封）解密，解密操作应在解密倒计时结束前完成，否则视为解密失败。

采用CA解密方式需确保CA已连接电脑，且账号下已绑定CA证书，输入CA密码即可完成解密。

采用其他方式（密码信封）解密，可直接输入响应文件加密时设置的密码字符，点击【确认】，即可完成解密。

图4-92　开启大厅（请解密）页面——竞争性谈判

（5）所有供应商解密完毕后，屏幕将显示"等待开启人发送开启记录表签名"，开启人发送记录表之后，右侧将显示【请签名】，如图4-93所示，点击并按提示完成。

图 4 – 93　开启大厅（请签名）页面——竞争性谈判

签名仅支持使用 CA 进行签名，供应商未进行签名且未提出异议的，签名时间结束后将默认已签名。

（6）开启人结束开启后，即完成参与网上开启会。

## 九、响应文件澄清与最终报价

1. 相关法律

《政府采购非招标采购方式管理办法》

第三十三条　谈判文件能够详细列明采购标的的技术、服务要求的，谈判结束后，谈判小组应当要求所有继续参加谈判的供应商在规定时间内提交最后报价，提交最后报价的供应商不得少于 3 家。

谈判文件不能详细列明采购标的的技术、服务要求，需经谈判由供应商提供最终设计方案或解决方案的，谈判结束后，谈判小组应当按照少数服从多数的原则投票推荐 3 家以上供应商的设计方案或者解决方案，并要求其在规定时间内提交最后报价。

最后报价是供应商响应文件的有效组成部分。

2. 操作流程

响应文件澄清：【投标管理】—【我的项目】—【操作】—【评审问题澄清】—【回复】

最终报价：【投标管理】—【我的项目】—【操作】—【投标人报价】—【投标人最终报价】

3. 操作步骤

（1）响应文件澄清。

1）点击【投标管理】下【我的项目】进入我的项目页面，点击【操作】进入项目主控台页面。如图 4 – 94 所示，在主控台页面点击【评审问题澄清】可查看评审专家在评审过程中提出的澄清问题，并在规定时间内对响应文件进行澄清或说明。

**图4-94　项目主控台页面——竞争性谈判评审问题澄清**

2）回复澄清问题时，可填写澄清内容并上传，如图4-95所示。

**图4-95　澄清问题回复页面——竞争性谈判（投标人）**

（2）最终报价。

1）竞争性谈判结束后，谈判小组应要求所有参加谈判的供应商在规定时间内进行最后报价，采购人从谈判小组提出的成交候选人中根据符合采购需求、质量和服务相等且报价最低的原则确定成交供应商。点击【投标管理】下【我的项目】，再点击【操作】进入项目主控台页面，如图4-96所示。

**图4-96　项目主控台页面——竞争性谈判供应商报价**

2）点击主控台的【投标人报价】，进入最终报价页面后在【投标人最终报价】选项下输入最终报价，点击【提交】，如图 4 - 97 所示。

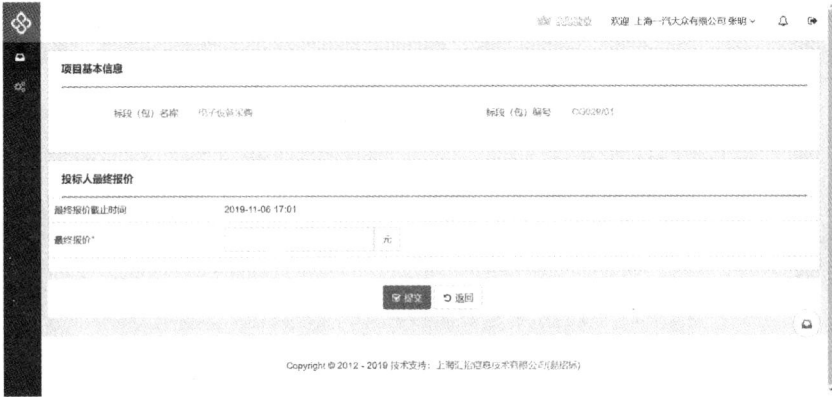

**图 4 - 97　供应商最终报价页面——竞争性谈判**

**提示：**

谈判小组与供应商的谈判不在线上进行，最终由项目经理直接将谈判过程中的内容上传至系统进行记录即可。

## 十、查看通知书

1. 操作流程

【投标管理】—【我的项目】—【操作】—【成交通知书查看】/【成交结果通知书查看】

2. 操作步骤

（1）点击菜单中【投标管理】下的【我的项目】点击【操作】后进入主控台页面，可点击【成交通知书查看】进入查看采购结果页面，下载成交通知书，如图 4 - 98 所示。成交的供应商可查看的是成交通知书。

**图 4 - 98　成交供应商查看页面——竞争性谈判**

（2）未成交的供应商进入主控台后可点击【成交结果通知书查看】进入查看采购结果页面，下载采购结果通知书，如图4-99所示。

**图4-99　未成交供应商查看页面——竞争性谈判**

提示：

成交供应商与未成交供应商可下载查看的文件信息不同。

## 第四节　实战演练

### 一、系统实训

请按以下要求在系统中完成一个完整的竞争性谈判采购流程：

（1）请建立一个需网上购标的邀请竞争性谈判项目；

（2）文件发售时间为5个工作日，文件售价200元；

（3）竞争性谈判小组为5人；

（4）评审条款设置中，共有三个评审阶段，分别为初步评审、详细评审（包括谈判过程）、价格比较；

（5）在谈判环节中发起最终报价。

### 二、思考题

1. 在政府竞争性谈判采购项目中，具备什么条件的项目可采用竞争性谈判的方式进行采购？

2. 发起最终报价时，可否在系统中选择特定的几个供应商发起最终报价？

# 第五章 询价采购操作实务

◇ **学习导航**

    掌握询价采购的流程

    掌握询价采购活动中各环节涉及的法律法规

◇ **教学建议**

    备课要点：询价采购的操作实务、询价采购活动涉及的法律法规的理解

    教授方法：讲授、系统实操、启发式

    扩展知识领域：企业采购的询价采购流程

立体化教材——操作教学视频

# 第一节 询价采购简要流程

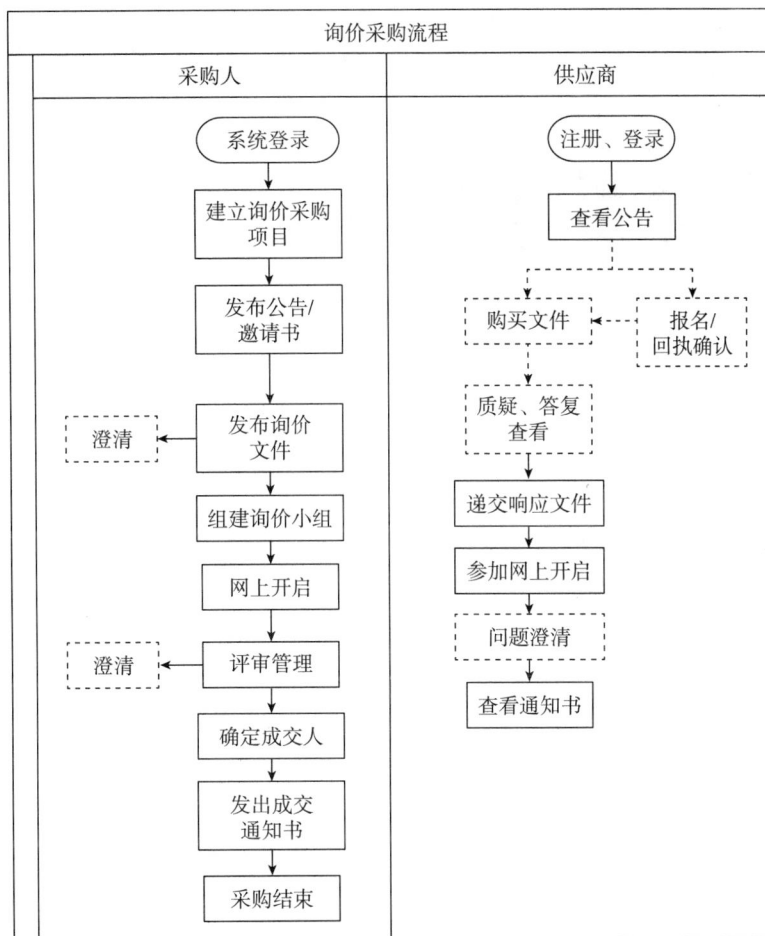

```
┌─────────────────────────────────────────────────────┐
│                    询价采购流程                        │
├───────────────────────────┬───────────────────────────┤
│          采购人            │          供应商            │
│                           │                           │
│        (系统登录)          │        (注册、登录)        │
│            │              │            │              │
│      ┌──────────┐         │      ┌──────────┐         │
│      │建立询价采购│         │      │ 查看公告 │         │
│      │   项目    │         │      └──────────┘         │
│      └──────────┘         │       ┌────┴────┐          │
│            │              │       ↓         ↓          │
│      ┌──────────┐         │  ┌────────┐ ┌────────┐     │
│      │ 发布公告/ │         │  │购买文件│←│ 报名/  │     │
│      │  邀请书   │         │  └────────┘ │回执确认│     │
│      └──────────┘         │       │     └────────┘     │
│            │              │  ┌────────┐               │
│ ┌────┐ ┌──────────┐        │  │质疑、答复│              │
│ │澄清│←│ 发布询价  │        │  │  查看   │              │
│ └────┘ │   文件    │        │  └────────┘               │
│      └──────────┘         │       │                   │
│            │              │  ┌────────┐               │
│      ┌──────────┐         │  │递交响应文件│            │
│      │组建询价小组│        │  └────────┘               │
│      └──────────┘         │       │                   │
│            │              │  ┌────────┐               │
│      ┌──────────┐         │  │参加网上开启│            │
│      │ 网上开启  │         │  └────────┘               │
│      └──────────┘         │       │                   │
│            │              │  ┌────────┐               │
│ ┌────┐ ┌──────────┐        │  │问题澄清│               │
│ │澄清│←│ 评审管理  │        │  └────────┘               │
│ └────┘ └──────────┘        │       │                   │
│            │              │  ┌────────┐               │
│      ┌──────────┐         │  │查看通知书│              │
│      │ 确定成交人 │        │  └────────┘               │
│      └──────────┘         │                           │
│            │              │                           │
│      ┌──────────┐         │                           │
│      │ 发出成交  │         │                           │
│      │  通知书   │         │                           │
│      └──────────┘         │                           │
│            │              │                           │
│      ┌──────────┐         │                           │
│      │ 采购结束  │         │                           │
│      └──────────┘         │                           │
└───────────────────────────┴───────────────────────────┘
```

# 第二节 询价采购流程操作实务

## 一、系统登录

进入任意浏览器，在网址栏输入指定地址进入电子招标投标交易平台，选择【密码登录】登录演示专用账号，如图 5-1 所示。

**图 5 - 1　系统登录——询价**

## 二、建立询价采购项目

1. 相关法律

《政府采购法》

第三十二条　采购的货物规格、标准统一、现货货源充足且价格变化幅度小的政府采购项目，可以依照本法采用询价方式采购。

《政府采购非招标采购方式管理办法》

第四十四条　询价采购需求中的技术、服务等要求应当完整、明确，符合相关法律、行政法规和政府采购政策的规定。

2. 操作流程

【采购方案】—【采购立项】—【添加项目】—【确定】—【保存】—【提交审批】—【项目已生效】

3. 操作步骤

（1）点击菜单栏中的【采购方案】，出现隐藏菜单，如图 5 - 2 所示。

**图 5 - 2　查询采购方案页面——询价**

（2）点击【采购立项】进入查询采购立项页面，点击【添加项目】，如图 5-3 所示，建立询价采购项目。

**图 5-3　查询采购立项页面——询价**

（3）进入项目基本信息页面，如图 5-4 所示，"＊"为必填项，选择"政府采购"及"询价"即为建立询价采购项目，点击【确认】即进入基本信息页面，根据要求填制即可。

**图 5-4　项目基本信息页面——询价**

（4）新建政府采购非招标项目需填写项目信息，如图 5-5 所示；各个参数的选择将影响询价采购的后续流程。

如采购方式可选择"供应商报名"/"推荐供应商"。选择"供应商报名"即为公开的询价采购项目，在后续的流程中发布询价公告，邀请不特定潜在供应商；选择"推荐供应商"即为邀请的询价采购项目，在后续流程中将发布询价邀请书，邀请特定潜在供应商。"是否需要购标"选择"是"则在编辑公告/邀请书时需填写文件出售信息，且供应商需购买文件。

**图 5 – 5　询价采购建项页面**

（5）根据实际情况及要求填制完成后，点击【保存】可对项目信息进行保存；再点击【提交审批】后项目即可交由审批人员审批。

（6）项目审批时需进行审批信息操作，如图 5 – 6 所示，左边长框选择"审批待选人员"，点击箭头添加至右边"已选审批人员"，点击【提交】，项目才能完成【提交审批】过程。

**图 5 – 6　审批信息操作页面——询价**

（7）审批通过后，点击菜单栏中的【采购立项】，进入采购立项查询页面，标段（包）状态为已生效时则成功建立询价采购项目。

**提示：**

（1）出现灰色长框，为客观选择项，点击长框左侧放大镜，根据要求查询并选中所需选项，点击【选择】完成操作。

（2）在查询采购立项页面，审批过程中可点击【明细】查看审批进度及审批人员。

（3）为提高教学的便捷性，建议所有审批均选择当前账号人员为审批人。

## 三、询价公告编制与发布

1. 相关法律

《政府采购非招标采购方式管理办法》

第四十五条　从询价通知书发出之日起至供应商提交响应文件截止之日止不得少于3个工作日。提交响应文件截止之日前，采购人、采购代理机构或者询价小组可以对已发出的询价通知书进行必要的澄清或者修改，澄清或者修改的内容作为询价通知书的组成部分。澄清或者修改的内容可能影响响应文件编制的，采购人、采购代理机构或者询价小组应当在提交响应文件截止之日3个工作日前，以书面形式通知所有接收询价通知书的供应商，不足3个工作日的，应当顺延提交响应文件截止之日。

2. 操作流程

【政府采购】—【询价项目】—【主控台】—【公告编辑】/【投标邀请书编辑】—【保存】—【提交审批】—【公告发布】/【投标邀请书发出】—【发布】

3. 操作步骤

（1）询价公告。

1）点击菜单【政府采购】下的【询价项目】，进入询价项目查询页面，查找已建立的询价项目，如图5-7所示。

**图 5-7　采购立项查询页面——询价**

2）若项目为公开询价采购则需编辑并发布询价公告。点击新建项目右侧的【主控台】进入项目主控台界面，如图5-8所示。

**图 5 – 8　公开方式询价采购主控台页面**

3）进入编辑公告页面，填写项目信息，包括标段（包）选择、报名信息、采购文件信息、文件出售信息、响应文件递交信息、公告基本信息设置、公告内容后，可提交审批，如图 5 – 9 所示。编辑公告完成后点击【保存】可对公告信息进行保存；点击【提交审批】后公告即可交由审批人员审批。

**图 5 – 9　公告编辑页面——询价**

公告编辑页面所设置的时间节点将影响后续流程的时间控制。如设置好响应文件递交截止时间及开启时间后，供应商仅能在该时间前递交响应文件，交易平台拒绝接受该时间后递交的响应文件。

4）审批通过后点击主控台中【公告发布】进入发布公告页面，如图 5 – 10 所示；查看信息无误后点击【发布】，公告即可成功发布。

图 5 – 10　公告发布页面——询价

（2）询价邀请书。

1）若为邀请询价项目，则需向特定的供应商发出询价邀请书。点击菜单栏中的【政府采购】进入子菜单【询价项目】，选择已建立的询价项目。点击新建项目右侧的【主控台】进入项目主控台页面，如图 5 – 11 所示。

图 5 – 11　项目主控台页面——询价投标邀请编辑

2）点击主控台中的【投标邀请编辑】进入编辑邀请书的页面，如图 5 – 12 所示；填写信息与公告编辑内容类似，但增加一项邀请人名单信息；点击【选择投标人/供应商】可选择需邀请的供应商。邀请书编辑完成后点击【保存】可对邀请信息进行保存；点击【提交审批】后邀请书可提交至审批人员审批。

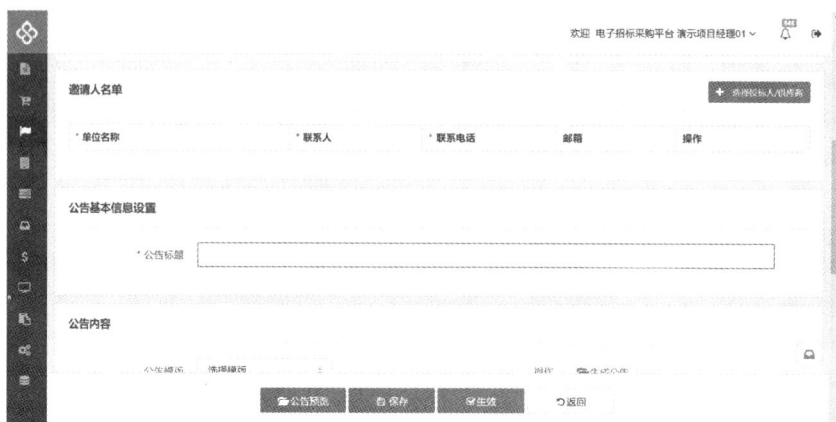

**图 5 – 12　投标邀请编辑页面——询价**

3）审批通过后即可发布，点击【投标邀请发出】进入邀请信息确认页面，确认无误后，点击【发布】则邀请书成功发出，如图 5 – 13 所示。被邀请的供应商登录平台后可查看邀请书。

**图 5 – 13　项目主控台页面——询价投标邀请发出**

提示：

在公告审批通过后，主控台页面才可看到【公告发布】/【投标邀请发出】字段信息。在公告发布后，主控台页面才可看到【邀请回执查看】、【投标邀请变更】字段信息。

若为邀请方式，投标邀请告发出后，可点击主控台中【补充邀请】进行供应商的补充邀请操作；点击【邀请回执查看】即可查看供应商的回执信息。

## 四、询价文件编制及发布

1. 相关法律

《政府采购法实施条例》

第三十条　采购人或者采购代理机构应当在招标文件、谈判文件、询价通知书中公开采购项目预算金额。

《政府采购非招标采购管理方式管理办法》

第十条　谈判文件、询价通知书应当根据采购项目的特点和采购人的实际需求制定，并经采购人书面同意。采购人应当以满足实际需求为原则，不得擅自提高经费预算和资产配置等采购标准。

谈判文件、询价通知书不得要求或者标明供应商名称或者特定货物的品牌，不得含有指向特定供应商的技术、服务等条件。

第十一条　谈判文件、询价通知书应当包括供应商资格条件、采购邀请、采购方式、采购预算、采购需求、采购程序、价格构成或者报价要求、响应文件编制要求、提交响应文件截止时间及地点、保证金交纳数额和形式、评定成交的标准等。

2. 操作流程

【政府采购】—【询价项目】—【主控台】—【采购文件管理】—【编辑文件】—【提交】—【编制专用表单】—【完成】—【设定评标条款】—【完成】—【生成数据包】—【生效】—【提交审批】—【审批通过】—【采购文件发出】—【全部发出】

3. 操作步骤

（1）点击菜单栏中的【政府采购】下的【询价项目】进入询价项目查询页面，选择已建立的询价项目，点击项目下的【主控台】进入主控台页面，如图5-14所示。

**图5-14　项目主控台页面——询价采购文件管理**

（2）询价采购方式适用于货物规格、标准统一的政府采购项目，一般采用最低评标

价法，因此系统默认询价的评审办法为最低评标价法。点击【采购文件管理】进入发标
管理—文件管理—查询界面，点击【编辑文件】、【专用表单编制】、【评标条款编制】选
项，编辑采购文件，如图 5 - 15 所示。具体操作步骤如下：

**图 5 - 15　文件管理页面——询价**

1）询价文件编辑。点击文件管理—查询页面中的【编辑文件】图标，进入文件管
理—新增页面，如图 5 - 16 所示；在新增页面中需完成询价文件的上传并确定文件下载/
发售时间和响应文件递交截止及开启时间，若公告/邀请书已编制完成则文件下载/出售时
间和响应文件递交截止及开启时间系统将自动带出。编辑完成后点击【提交】即可完成
编辑文件部分。

**图 5 - 16　编制询价文件页面——询价**

2）项目专用表单编制。项目专用表单主要指在采购文件中的一些常用业务表单，通
常为开启一览表、分项报价表等。点击文件管理—查询页面中的【表单编制】图标进入
项目专用表单管理页面，在系统中表单编制可分为从历史项目表单引用、从表单库中引

用、新建我的表单三种方式，如图 5－17 所示，新建的专用表单可选择开标一览表、分项报价表、技术参数表等类型的表格，如图 5－18 所示。

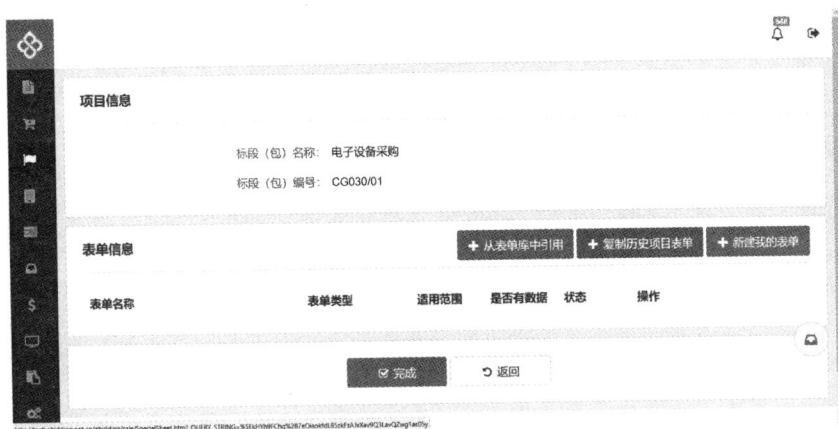

**图 5－17　专用表单页面——询价**

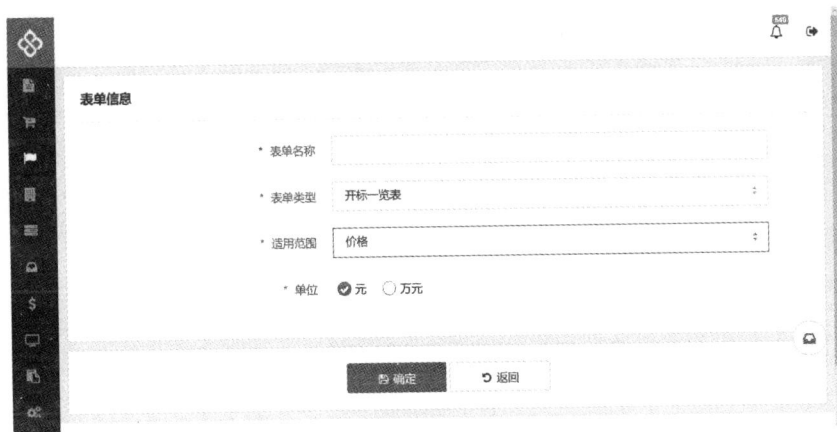

**图 5－18　编制表单信息页面——询价**

3）评审条款编制。点击文件管理—查询页面中的【评标条款编制】图标进入评审条款设定页面，系统将默认选中一个评分原则，如图 5－19 所示；系统将给出默认的评审阶段、评审节点、评审条款，项目经理可根据实际情况重新选择评分原则并对评审阶段、评审节点、评审条款进行增加、删除等操作，如图 5－20 所示。点击【完成】即可完成评审条款编制部分。

4）完成文件编辑、评审条款设置、专用表单的编制后点击【生成数据包】完成数据包的生成；再点击【生效】完成文件编辑后，点击【保存】可对文件信息进行保存；再点击【提交审批】即可提交至审批人员审批，如图 5－21 所示；审批通过后则可发出采购文件。进入项目主控台页面，点击【采购文件发出】进入文件发出页面，点击【全部发出】即完成文件的发出工作，如图 5－22 所示。

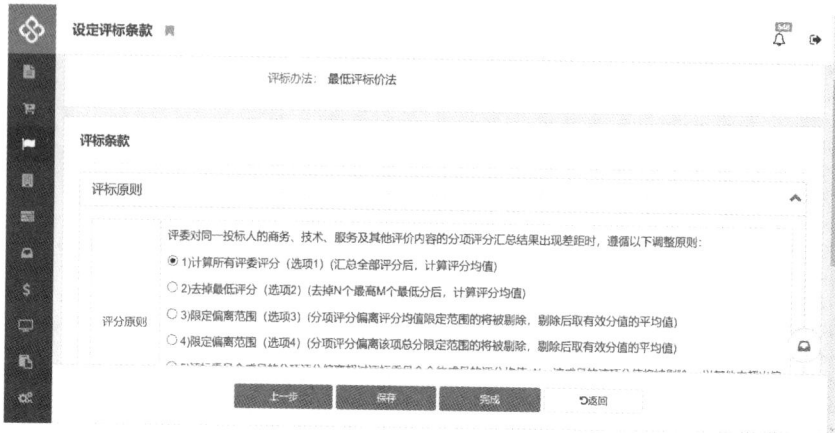

**图 5 – 19 选择评分原则页面——询价**

**图 5 – 20 设置评审条款页面——询价**

**图 5 – 21 询价文件生效页面——询价**

图 5 - 22　项目主控台页面询价文件发出

提示：

采购文件只有在公告/邀请书发布后才能发出。

## 五、询价公告变更及文件澄清

1. 相关法律

《政府采购非招标采购方式管理办法》

第四十五条　从询价通知书发出之日起至供应商提交响应文件截止之日止不得少于 3 个工作日；提交响应文件截止之日前，采购人、采购代理机构或者询价小组可以对已发出的询价通知书进行必要的澄清或者修改，澄清或者修改的内容作为询价通知书的组成部分。澄清或者修改的内容可能影响响应文件编制的，采购人、采购代理机构或者询价小组应当在提交响应文件截止之日 3 个工作日前，以书面形式通知所有接收询价通知书的供应商，不足 3 个工作日的，应当顺延提交响应文件截止之日。

2. 操作流程

询价公告变更：【政府采购】—【询价项目】—【主控台】—【变更公告编辑】—【保存】—【提交审批】—【主控台】—【变更公告发布】—【发布】

询价文件澄清：【政府采购】—【询价项目】—【主控台】—【采购文件澄清管理】—【回复/提出澄清】—【保存】—【生效】—【发出】

3. 操作步骤

（1）询价公告变更。

1）点击菜单栏中的【政府采购】下的【询价项目】进入询价项目查询页面，选择已建立的询价项目，点击项目下的【主控台】进入主控台页面，点击【变更公告编辑】可对采购文件发售开始时间、文件发售结束时间、澄清问题提交截止时间、响应文件递交截止时间及开标时间等进行编辑，点击【保存】可对公告信息进行保存，如图 5 - 23 所示；点击【提交审批】后公告即可交由审批人员审批。

图 5 – 23　变更公告页面——询价

2）审批通过后主控台页面如图 5 – 24 所示。点击【变更公告发布】进入发布公告页面，查看信息无误后点击【发布】，变更公告即可发布。

图 5 – 24　项目主控台页面——变更公告发布

（2）询价文件澄清。

1）采购文件编制完成并发布后，若文件存在问题或供应商对采购文件提出质疑则需进行文件澄清。点击菜单栏【政府采购】下的【询价项目】选择已建立的采购项目，点击项目下的【主控台】进入主控台页面，如图 5 – 25 所示。

2）点击【采购文件澄清管理】进入采购文件澄清管理页面，此页面可查看投标人/供应商提出的问题、项目经理回复/澄清的记录。

**图 5 – 25 项目主控台页面——询价采购文件澄清管理**

若需要对询价文件进行澄清，可以点击页面右侧【回复/提出澄清】对询价文件进行澄清操作，如图 5 – 26 所示。进入回复/提出澄清的页面后需对澄清提出方式进行选择。澄清提出方式为"回复疑问"，选择对应的供应商问题记录，回复供应商提出问题；澄清提出方式为"提出澄清"，采购人/项目经理主动添加澄清内容，如图 5 – 27 所示。

**图 5 – 26 采购文件澄清管理页面——询价**

**图 5 – 27 回复/提出澄清页面——询价**

在澄清问题新增页面可对文件递交及开启、澄清标题、澄清内容、澄清对象进行编辑并保存，也可进入数据包变更澄清页面修改专用表单、评审条款，确认无误后点击【生效】，如图 5 – 28 所示。

**图 5 – 28　数据包变更澄清页面——询价**

澄清内容必须对所有供应商发布，因此在多标段（包）情况下，澄清对象可以选择该项目标段（包）下所有供应商，也可以选择该项目下所有标段（包）供应商。被选择的澄清对象，可以在系统中查收到该澄清内容。

如果澄清或修改内容涉及专用表单和评审条款的变更，可点击询价文件澄清页面右下方的【数据包变更澄清】，在该页面内重新编制、生成数据包。对数据包进行变更澄清后，供应商需重新下载数据包，依据最新的数据包在响应文件客户端编制响应文件。

3）当项目经理提出的澄清问题生效后，采购文件澄清管理页面如图 5 – 29 所示，操作栏将显示可发出，点击【发出】即完成采购文件澄清。

**图 5 – 29　采购文件澄清管理页面（待发出）——询价**

## 六、组建询价小组

1. 相关法律

《政府采购非招标采购方式管理办法》

第七条 竞争性谈判小组或者询价小组由采购人代表和评审专家共 3 人以上单数组成，其中评审专家人数不得少于竞争性谈判小组或者询价小组成员总数的 2/3。采购人不得以评审专家身份参加本部门或本单位采购项目的评审。采购代理机构人员不得参加本机构代理的采购项目的评审。

达到公开招标数额标准的货物或者服务采购项目，或者达到招标规模标准的政府采购工程，竞争性谈判小组或者询价小组应当由 5 人以上单数组成。

采用竞争性谈判、询价方式采购的政府采购项目，评审专家应当从政府采购评审专家库内相关专业的专家名单中随机抽取。技术复杂、专业性强的竞争性谈判采购项目，通过随机方式难以确定合适的评审专家的，经主管预算单位同意，可以自行选定评审专家。技术复杂、专业性强的竞争性谈判采购项目，评审专家中应当包含 1 名法律专家。

2. 操作流程

【政府采购】—【询价项目】—【主控台】—【组建询价小组】—【保存】—【确定】—【综合办公】—【专家抽取】—【评标委员会】—【组建评委会】—【抽取评标专家】—【抽取】—【选中】—【保存】—【提交审批】

3. 操作步骤

（1）点击菜单栏中的【政府采购】下的【询价项目】进入询价项目查询页面，选择已建立的询价项目，点击项目下的【主控台】进入主控台页面，点击【组建询价小组】，需填写组建评委会方式、评审专家人数、采购人代表人数等，如图 5 - 30 所示。其中组建评委会方式有随机抽取、直接指定、外部平台抽取三种。

**图 5 - 30 申请评委会页面（1）——询价**

（2）若组建评委会的方式选择随机抽取，则需添加抽取条件；若选择直接指定或外部平台抽取，则需选择专家成员相关信息。示例操作中将以随机抽取的方式组建评委会，如图5-31所示。

**图5-31 申请评委会页面（2）——询价**

（3）若选择随机抽取，则由项目经理填写评委会信息并提交抽取申请至专家抽取专员进行抽取，抽取专员在【综合办公】的【专家抽取】菜单中进入【评标委员会】页面，选择需组建评委会的项目，点击【组建评委会】查看并保存评委会主信息后进入抽取专家页面，点击【抽取】进行专家的随机抽取工作，如图5-32和图5-33所示。

（注：为提高教学的便捷性，系统赋予项目经理抽取专员的操作权限，即项目经理可直接进行专家抽取工作。询价流程中，询价小组信息在系统中显示为"评委会信息"。）

**图5-32 查询评委会列表页面——询价**

**图 5 - 33　抽取评审专家页面——询价**

（4）完成评审专家的抽取后，在处理结果中选中专家，点击【保存】可对抽取专家信息进行保存，如图 5 - 34 所示；点击【提交审批】后抽取结果即可交由审批人员审批。

**图 5 - 34　抽取专家页面——询价**

（5）审批通过后，该项目组建评审委员会的状态为"已完成"。

**提示：**

询价小组由采购人的代表和有关专家共 3 人以上的单数组成，其中专家的人数不得少于成员总数的 2/3。

## 七、开启

1. 操作流程

开启设置：【政府采购】—【询价项目】—【主控台】—【开标设置】

网上开启：【政府采购】—【询价项目】—【主控台】—【开标】/【开标（网页

版)】—【开标】—【发送开标记录表】—【查看开标记录表】—【开标结束】

2. 操作步骤

（1）开启设置。

在响应文件递交截止时间前需在系统中进行开启设置。点击菜单中【政府采购】下的【询价项目】，进入询价项目查询页面，点击【主控台】进入主控台页面。

点击【开标设置】，需确认解密时限、签名时限、是否启用无人开启、选择监标人和列席人员、选择标段（包）信息等，点击【保存】可对开启设置进行保存，如图5-35所示。

图 5-35　开启设置页面——询价

（2）网上开启。

1）点击菜单中【政府采购】下的【询价项目】，进入询价项目查询页面，点击【主控台】进入主控台页面；在所选项目的主控台页面，点击【开标】选择今日开启项目公示牌上的标室名称，如图5-36所示，然后点击箭头所示的大门中央进入开启大厅。

图 5-36　开启大厅页面——询价

2）进入开启大厅后，告示牌上方有开标倒计时，同时显示供应商进入大厅、签到的信息，告示牌左边有已完成操作的供应商计数。在无人开启模式下，项目经理在响应截止时间到达时进入开启大厅自动开启并自动进入开启解密倒计时阶段。在非无人模式下，当响应截止时间倒计时结束时，项目经理可点击【请开标】黄色箭头开启，如图 5 – 37 所示；开启后进入供应商解密阶段，开启解密倒计时。

图 5 – 37　开启大厅页面（请开启）——询价

3）启动开启后，供应商可进行解密，当所有参与开启的供应商都解密完成后，系统提示"发送开启记录表"；项目经理点击【发送开标记录表】，供应商即可查看、下载开启一览表，并对开启一览表进行签名。无人开启自动下发开启记录表，开启签名倒计时，如图 5 – 38 所示。

图 5 – 38　发送开启记录表页面——询价

4）开启人可点击【查看开标记录表】，查阅供应商的报价；当所有供应商签名结束可点击【开标结束】；无人开启模式下自动开启结束，关闭开启大厅，完成网上开启，结束开启后退出开启大厅，如图 5 - 39 所示。开启结束后无法再进入项目的开启大厅，此时可点击项目主控台中的开启过程记录表查看记录。

**图 5 - 39　结束开启页面——询价**

## 八、评审管理

1. 相关法律

《政府采购非招标采购方式管理办法》

第四十六条　询价小组在询价过程中，不得改变询价通知书所确定的技术和服务等要求、评审程序、评定成交的标准和合同文本等事项。

第四十八条　询价小组应当从质量和服务均能满足采购文件实质性响应要求的供应商中，按照报价由低到高的顺序提出 3 名以上成交候选人，并编写评审报告。

2. 操作流程

【政府采购】—【询价项目】—【主控台】—【评审准备】—【启动评标】—【评审管理】—【初步评审待汇总】—【汇总】—【详细评审待汇总】—【汇总】—【待确认】—【待生成】—【评审结束】

3. 操作步骤

（1）点击系统菜单中【政府采购】下的【询价项目】进入询价项目查询页面，找到已建立的询价项目，点击【主控台】进入项目主控台页面，在项目主控台页面点击【评审准备】，如图 5 - 40 所示，进入评审准备页面。

（2）在评审准备页面需填写评审组长、监标人、是否分配评审节点等信息，点击【启动评审】，如图 5 - 41 所示。

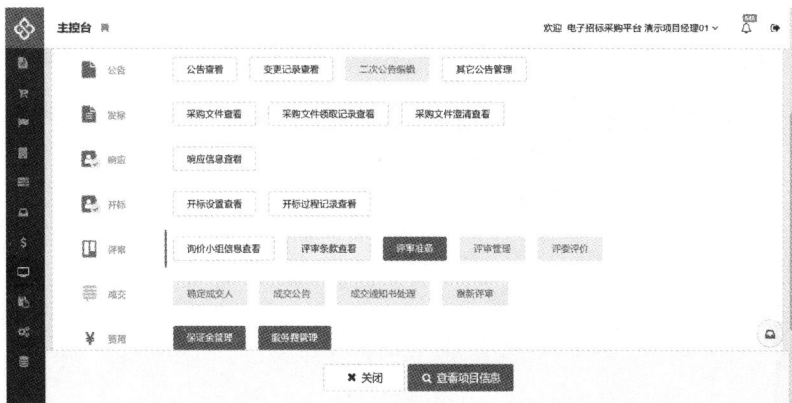

**图 5 – 40 项目主控台页面——询价评审准备**

**图 5 – 41 评审准备页面——询价**

如有评审组长，可设置评审组长角色，评审组长牵头组织评审工作，可代项目经理汇总各节点评审工作。

如需分配评审节点，可将各个节点分配给相应的专家进行评审。

（3）进入项目主控台，点击【评审管理】，当所有专家初步评审完毕，如图 5 – 42 所示；点击"初步评审"下的【待汇总】查看初步评审汇总信息，点击【汇总】完成初步评审汇总工作。

**图 5 – 42 初步评审汇总页面——询价**

（4）评审专家根据文件中设置的评审条款进行评审，在此示例项目中详细评审只有价格比较的价格评审。此时由项目经理直接进行汇总，点击评审管理页面中"详细评审"列表下方的【待汇总】，如图5-43所示。

**图5-43　详细评审汇总页面——询价**

（5）进入价格计算页面后如需对价格进行修正，则在每一个供应商的报价表格中输入修正数量，在原有投标报价上增加则直接输入需增加的数字，减少则输入"减少数字"，点击【计算得分】，系统自动计算出最终的评审价格，点击【完成】则完成价格评审汇总。表格按供应商的评审价格由低到高依次排名，评审价格最低为第一名，如图5-44所示。

**图5-44　评审价格比较计算——询价**

（6）评审节点汇总结束后点击评审管理页面下方的"评审汇总"右侧的【待确认】，如图5-45所示；进入页面确认信息无误后点击【汇总全部完成】并点击【确定】完成评审汇总，如图5-46所示。

**图 5 – 45　评审汇总待确认页面——询价**

**图 5 – 46　评审汇总确认页面——询价**

（7）点击"评审表格"右侧的【待生成】进入评审报告信息页面，生成综合评审表格。可上传调整后的综合评审表格，结束后点击【完成】，如图 5 – 47 和图 5 – 48 所示。

**图 5 – 47　评审表格待生成页面**

**图 5 - 48　评审表格生成页面——询价**

（8）点击"评审报告，监标报告"右侧的【待生成】进入评审报告信息页面，上传调整后的综合评审报告（必须传）和调整后的监督报告（可不传），点击【完成】后返回，如图 5 - 49 和图 5 - 50 所示。

**图 5 - 49　评审报告待生成页面——询价**

**图 5 - 50　评审报告生成页面——询价**

（9）在评审管理页面的右下角点击【选择签名方式】选择专家签名方式（为提高教学的便捷性，均采用纸质签名方式），选择纸质签名可重新调整需专家签名的文件。完成后点击【评审结束】再点击【确定】则结束评审工作，如图5-51所示。

**图5-51　评审结束页面——询价**

**提示：**
评审过程中若需澄清，可直接参照第三章第二节。

## 九、确定成交人与发出成交通知书

1. 相关法律
《政府采购法实施条例》
第四十三条　采购代理机构应当自评审结束之日起2个工作日内将评审报告送交采购人。采购人应当自收到评审报告之日起5个工作日内在评审报告推荐的中标或者成交候选人中按顺序确定中标或者成交供应商。

采购人或者采购代理机构应当自中标、成交供应商确定之日起2个工作日内，发出中标、成交通知书，并在省级以上人民政府财政部门指定的媒体上公告中标、成交结果，招标文件、竞争性谈判文件、询价通知书随中标、成交结果同时公告。

中标、成交结果公告内容应当包括采购人和采购代理机构的名称、地址、联系方式，项目名称和项目编号，中标或者成交供应商名称、地址和中标或者成交金额，主要中标或者成交标的的名称、规格型号、数量、单价、服务要求以及评审专家名单。

《政府采购非招标采购方式管理办法》
第四十九条　采购代理机构应当在评审结束后2个工作日内将评审报告送采购人确认。

采购人应当在收到评审报告后5个工作日内，从评审报告提出的成交候选人中，根据质量和服务均能满足采购文件实质性响应要求且报价最低的原则确定成交供应商，也可以书面授权询价小组直接确定成交供应商。采购人逾期未确定成交供应商且不提出异议的，视为确定评审报告提出的最后报价最低的供应商为成交供应商。

2．操作流程

【政府采购】—【询价项目】—【主控台】—【确定成交人】—【完成】—【成交公告】—【提交审批】—【成交公告发出】—【成交通知书处理】—【通知书编辑】—【生成编号】—【发出】

3．操作步骤

（1）点击菜单栏【政府采购】下的【询价项目】进入我的项目页面。在我的项目页面点击【主控台】进入主控台页面。评审完成后，可在主控台页面点击【确定成交人】，如图 5－52 所示；进入确定成交人页面后，可再次上传项目的附件或是补充项目说明，在成效候选人选项内勾选成交的供应商，点击【完成】，如图 5－53 所示。

**图 5－52　项目主控台页面——询价确定成交人**

**图 5－53　确定成交人页面——询价**

（2）确定成交人后回到主控台页面，点击【成交公告】进入成交公告编辑页面；可按照公告模板生成公告，也可以直接在线编辑公告，如图 5 – 54 所示。完成公告编辑后点击【提交审批】，审批通过后回到项目主控台页面，点击【成交公告发出】便可以发出成交结果公告。

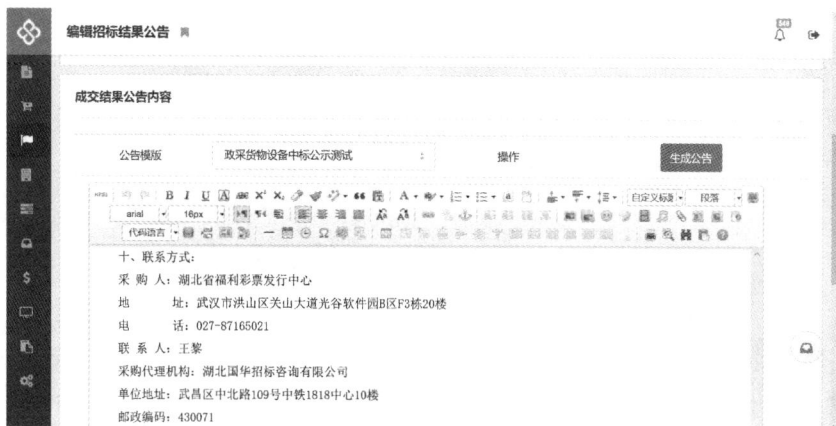

**图 5 – 54　成交结果公告页面——询价**

（3）点击主控台页面的【成交通知书处理】，如图 5 – 55 所示；进入查询成交通知书页面，如图 5 – 56 所示；点击【通知书编辑】，进入编辑成交通知书页面后，上传附件（当成交金额变动，重新生成预览文件），完成后保存，再点击【提交审批】，如图 5 – 57 所示。

**图 5 – 55　项目主控台页面——询价成交通知书处理**

图 5 – 56　成交通知书查询页面——询价

图 5 – 57　成交通知书编辑页面——询价

（4）审批通过后点击【生成编号】，如图 5 – 58 所示；再点击【发出】则通知书发送至成交供应商。

图 5 – 58　成交通知书可生成编号页面——询价

（5）编辑成交供应商的通知书后，向未成交的供应商发送采购结果通知；在同一页面的采购结果通知书下点击【通知书编辑】，后续操作与编辑成交通知书类似，如图 5-59 所示。

**图 5-59 采购结果通知书编辑页面——询价**

（6）审批通过后点击【生成】后再点击【发出】则采购结果通知书发送至未成交供应商，如图 5-60 和图 5-61 所示。

**图 5-60 采购结果通知书生成页面——询价**

**图 5-61 采购结果通知书可发出页面——询价**

**提示：**

特殊情况下，若需要重新评审，在主控台页面点击【重新评审】进入重新评审信息页面后添加重新评审原因，点击【重新评审】。在通知书发出后，如果需要选择评审的供应商，在主控台页面点击【重新确定成交人】，填写重新选择供应商的理由后在成交供应商表格中重新选择。

## 十、采购结束

1. 相关法律

《政府采购非招标采购方式管理办法》

第二十六条 采购人、采购代理机构应当妥善保管每项采购活动的采购文件。采购文件包括采购活动记录、采购预算、谈判文件、询价通知书、响应文件、推荐供应商的意见、评审报告、成交供应商确定文件、单一来源采购协商情况记录、合同文本、验收证明、质疑答复、投诉处理决定以及其他有关文件、资料；采购文件可以电子档案方式保存；采购活动记录至少应当包括下列内容：

（一）采购项目类别、名称；

（二）采购项目预算、资金构成和合同价格；

（三）采购方式，采用该方式的原因及相关说明材料；

（四）选择参加采购活动的供应商的方式及原因；

（五）评定成交的标准及确定成交供应商的原因；

（六）终止采购活动的，终止的原因。

2. 操作流程

【政府采购】—【询价项目】—【主控台】—【采购结束】—【结束项目】—【确定】—【归档管理】—【移交（针对包)】—【确定】

3. 操作步骤

（1）点击【政府采购】下的【询价项目】进入询价项目查询页面，点击【主控台】进入主控台页面。在主控台页面点击【采购结束】进入页面后点击【结束项目】再点击【确定】结束询价采购项目，如图5–62和图5–63所示。

**图5–62 项目主控台页面——询价采购结束**

图 5 – 63　采购结束页面——询价

（2）在主控台页面点击【归档管理】进入归档信息处理页面，上传补充文件或删除重复文件后，点击【移交（针对包)】再点击【确定】完成归档工作，如图 5 – 64 所示。

图 5 – 64　归档管理页面——询价

# 第三节　供应商操作实务

## 一、供应商注册

1. 操作流程

【输入网址】—【没有账号？立即注册】—【立即注册】

2. 操作步骤

（1）进入任意浏览器，在网址栏输入指定地址进入电子招标投标交易平台，系统登录页面，如图 5 – 65 所示。

图 5 – 65　用户注册页面——询价

（2）点击系统登录页面中【没有账号？立即注册】，进入用户注册页面信息页面，按照提示及要求完善相关信息，如地区、证件类型、企业名称等。

（3）在用户注册页面进行用户注册分为四步，分别为企业注册、完善信息、用户审批、注册成功，在用户注册信息页面编辑完成后，点击【立即注册】等待用户审批，审批完成后则注册成功。

## 二、在线报名

1. 操作流程

【投标管理】—【在线报名】—【报名】—【提交】

2. 操作步骤

（1）当项目为公开且需要报名时，供应商点击左侧菜单栏【投标管理】中的【在线报名】查看所有可报名的项目列表，如图 5 – 66 所示。

图 5 – 66　在线报名页面——询价

（2）进入在线报告页面，点击项目右侧的【报名】进入网上报名页面，如图 5 - 67 所示。填写报名信息后点击【提交】则报名信息提交成功。

**图 5 - 67　填写报名信息页面**

提示：

供应商的报名信息发送后，需项目经理进行审核，确认报名通过后则供应商报名成功。

## 三、确认邀请回执

1. 操作流程

【投标管理】—【邀请回执】—【确认参加】—【发送】

2. 操作步骤

（1）项目为邀请时，供应商点击左侧菜单栏中【投标管理】下的【邀请回执】进入邀请回执管理页面，如图 5 - 68 所示。

**图 5 - 68　邀请回执管理页面——询价**

（2）点击项目右侧的【确认参加】，跳转至投标确认页面后填写相关信息，点击【发送】完成邀请回执的发送，如图 5 - 69 所示。

图 5 - 69　邀请确认页面

## 四、购买与下载询价文件

1. 操作流程

【投标管理】—【购买文件】—【立即购买】—【保存】—【提交】—【文件下载】—【确认下载】

2. 操作步骤

（1）项目设置需要购买文件时，若为公开需报名项目则在报名通过后可进行文件的购买；若为邀请项目则在发送完邀请回执后可进行文件购买；购买文件时，在界面左侧菜单栏的【投标管理】中选择【购买文件】，如图 5 - 70 所示。

图 5 - 70　查询项目信息页面——询价

（2）点击【立即购买】，如图 5 - 71 所示，需确认购标信息、填写邮寄信息、发票信息、查看订单详情并进行支付，其中支付方式分为网上支付、电汇、汇票、现金、支票，点击【保存】并【提交】，若付款方式选择网上支付时则直接跳转至第三方支付页面进行支付，如图5-72所示；若付款方式选择电汇、支票、现金，则需财务人员进行复核，复核完成则购买成功。

（注：在教学过程中，建议直接使用网上支付的方式购买文件。）

**图5-71　新增订单页面——询价**

**图5-72　订单支付页面——询价**

（3）当文件购买成功后点击【文件下载】，找到项目并点击【确认下载】下载采购文件，可根据采购文件的数据包在客户端编制响应文件，如图5-73所示。

**图5-73　文件下载页面——询价**

提示：

公开需报名但不需购买文件的项目，报名通过后可直接下载文件；公开不需报名不需购买文件的项目可直接下载文件；邀请需购买文件的项目，完成邀请回执的确认后可直接下载文件。

## 五、提出澄清问题

1. 操作流程

【投标管理】—【我的项目】—【操作】—【投标管理】—【我的项目】—【操作】—【采购文件澄清管理】—【投标人/供应商提出的问题】—【提出问题】—【提交】

2. 操作步骤

（1）点击左侧菜单栏【投标管理】下的【我的项目】查询已参加的项目，如图5-74所示。

**图5-74 我的项目页面——询价发标阶段**

（2）点击项目右侧的【操作】进入主控台后点击【采购文件澄清管理】，如图5-75所示。

**图5-75 项目主控台页面采购文件澄清管理——询价**

（3）进入查询澄清问题页面后，选择【投标人/供应商提出的问题】点击右侧【提出问题】。进入添加澄清问题页面，补充澄清问题标题、澄清问题内容、澄清问题附件后点击【提交】，如图5-76所示。

图5-76　添加澄清问题页面——询价

**提示：**

如果采购期间有多个问题提出，请重复步骤（3）。

提出问题后若有回复，则在步骤（3）的查询澄清问题页面，选择【项目经理回复/澄清】，点击项目右侧的【查看】，可查看采购人/项目经理对提出问题的回答。

## 六、编制响应文件

1. 相关法律

《政府采购非招标采购方式管理办法》

第四十七条　参加询价采购活动的供应商，应当按照询价通知书的规定一次报出不得更改的价格。

2. 操作流程

【创建投标文件】—【选择文件】—【上传商务主文件 PDF】—【签章】—【完成】—【确认完成】—【上传技术主文件 PDF】—【签章】—【完成】—【确认完成】—【专用表单】—【完成】—【上传价格主文件 PDF】—【合并表单】—【签章】—【完成】—【确认完成】—【开启关联】—【确认完成】—【生成投标文件】

3. 操作步骤

（1）打开投标客户端，点击【创建投标文件】模块再点击界面中的【选择文件】，从本地选择 ebid 格式的采购文件数据包，创建响应文件，如图5-77所示。

编制响应文件时必须选择对应采购项目的数据包，否则无法递交响应文件。

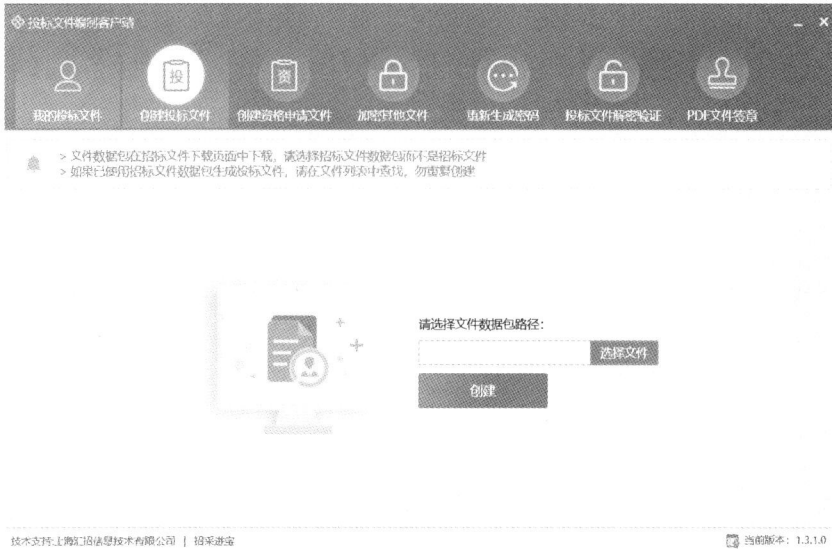

**图 5 - 77　创建响应文件——询价**

（2）创建后进入响应文件编制页面，如图 5 - 78 所示；在商务文件编制页面中点击【主文件 PDF】，上传商务 PDF 文件，上传后点击【签章】进入文件签章页面进行签章。客户端具备单页签章和多页签章两种签章方式，签章完成后可点击【确认完成】，完成商务主文件 PDF 的上传。

技术文件的编制方式同上。如有商务、技术响应专用表单，应当先填写表单，填写完毕后合并表单再进行签章。

如响应文件无附件可不进行上传，直接点击【确认完成】即可。签章时需插入 CA 并输入 CA 密码。

**图 5 - 78　上传商务文件——询价**

（3）完成商务、技术文件的编制后进入价格文件编制页面；点击【开标一览表】（采购文件管理中设置的专用表单），如图 5 – 79 所示。完成专用表单的填写后点击【主文件 PDF】后上传价格 PDF 文件，上传后点击【合并专用表单】将专用表单数据合并至价格文件中。

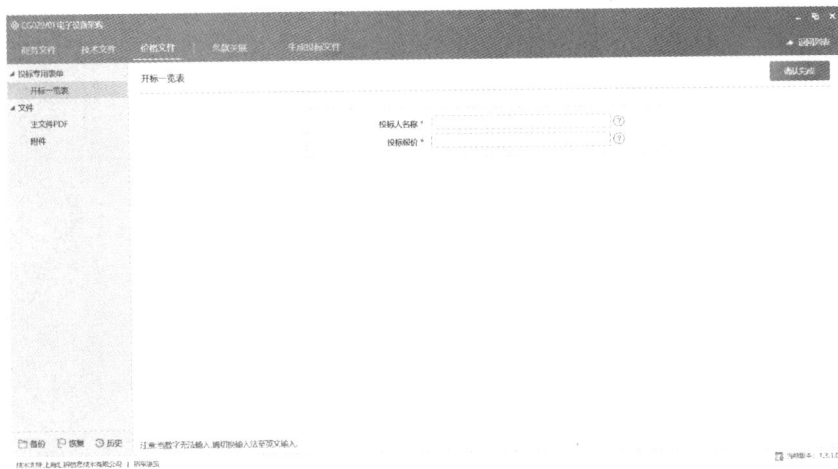

**图 5 – 79　填写开启一览表——询价**

（4）专用表单数据合并完成后点击【签章】进入文件签章页面进行签章，客户端具备单页签章和多页签章两种签章方式。签章完成后可点击【确认完成】完成价格主文件 PDF，如图 5 – 80 所示。

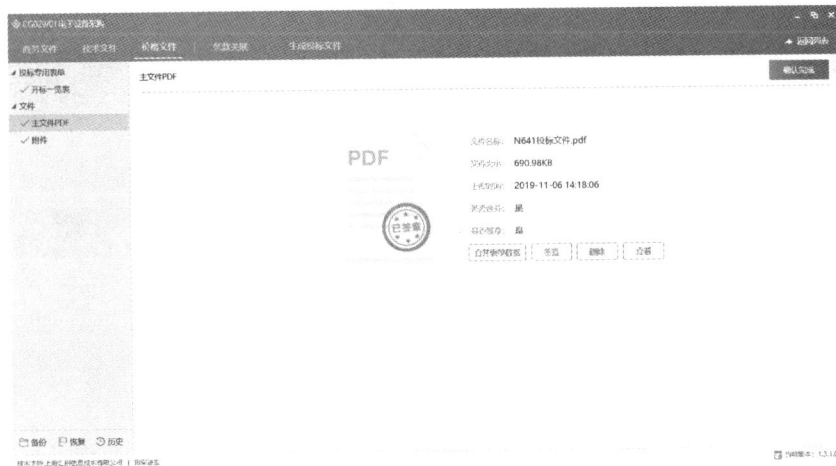

**图 5 – 80　上传价格文件——询价**

（5）完成价格文件的上传后，进入条款关联页面。条款关联功能旨在帮助评审专家在评审时根据评审条款快速定位响应文件对应内容的页码。

点击【开启关联】后可将评审条款逐项关联到响应文件的相应页面，先在页面左侧点击最低一级的评审条款，再点击页面右侧的响应文件对应页，响应文件页左上方显示

"已关联"即完成关联动作；同一评审条款可关联多页；关联时可基于评审条款内容，选择商务、技术、价格文件分别进行关联；关联完成后点击【确认完成】完成条款关联操作，如图 5-81 所示。

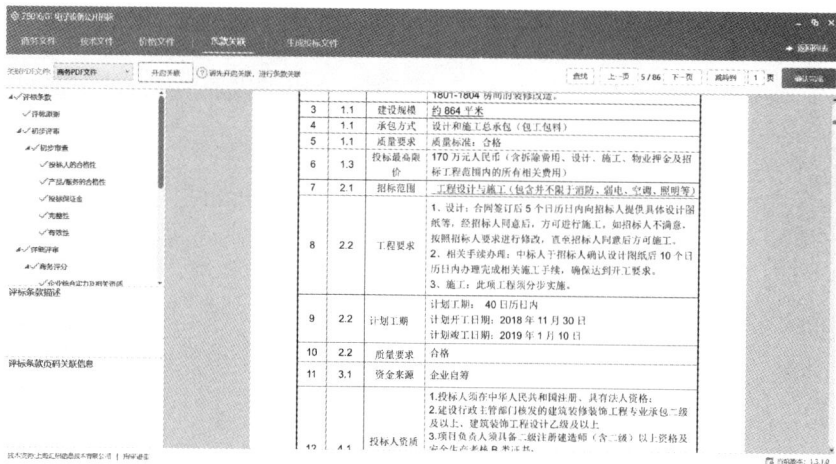

**图 5-81　条款关联页面——询价**

（6）完成条款关联操作后点击【生成投标文件】进入生成响应文件页面。生成响应文件前请检查商务文件、技术文件、价格文件和条款关联部分，是否均已确认完成，完成状态下，页面左侧显示绿色√。

点击【生成投标文件】后，客户端对响应文件进行加密，如图 5-82 所示，加密过程中可为响应文件创建一个解密密码（密码信封解密方式），用于在开启解密时应对 CA 损坏、无法识别等意外情况。

生成的响应文件分为商务文件、技术文件、价格文件，均为加密的 etnd 格式，可将 etnd 格式的响应文件上传至电子招标投标交易平台。

**图 5-82　生成响应文件页面——询价**

提示：

加密后请勿擅自修改生成的响应文件名称，否则上传时系统可能无法识别。

## 七、递交响应文件

1. 操作流程

【系统管理】—【绑定 CA】—【输入 CA 密码】—【CA 登录】—【绑定】—【投标管理】—【我的项目】—【操作】—【递交响应文件】—【上传文件】—【递交响应文件】

2. 操作步骤

（1）递交文件前应当先在供应商账号下绑定 CA，CA 主要的作用为投标人/供应商的身份识别及数据信息的加密处理。点击菜单栏下的【系统管理】再点击【绑定 CA】进入 CA 绑定页面，如图 5 - 83 所示。确保 CA 证书已连接电脑后，输入 CA 密码，点击【CA 登录】，页面中会显示该 CA 证书的机构名称、证书类型等信息，点击【绑定】后，即绑定成功。

（注：一把 CA 仅能绑定在一个供应商账号下，如系统提示"该 CA 已被绑定"，请检查该 CA 是否绑定在其他供应商账号下。一个供应商账号下可绑定多把 CA。）

**图 5 - 83 绑定 CA 页面——询价**

（2）在项目的主控台点击【递交响应文件】进入上传响应文件页面，如图 5 - 84 所示，在该页面中需填写联系人相关信息并递交响应文件。

**图 5 - 84 上传响应文件页面——询价**

（3）在上传响应文件选项下分别点击【上传文件】上传商务文件、技术文件、价格文件，如图 5 – 85 所示。上传完成后点击【递交响应文件】输入 CA 密码则完成响应文件的递交。

**图 5 – 85　上传响应文件页面——询价**

## 八、参与网上开启

1. 操作流程

【投标管理】—【我的项目】—【操作】—【参加开标会】—【签到】—【解密】—【签名】

2. 操作步骤

（1）如图 5 – 86 所示，点击【投标管理】下的【我的项目】进入我的项目页面，当所参加项目显示开启阶段，点击【操作】进入项目主控台页面。

**图 5 – 86　我的项目查询页面——询价开启阶段**

（2）如图 5 – 87 所示，进入项目主控台页面，所参加项目进行开启后点击【参加开标会】。

**图 5 – 87　项目主控台页面——询价参加开启会**

（3）如图 5 – 88 所示，进入开启大厅即代表签到成功。在项目经理下发开启记录表前，供应商仅能在开启大厅看见本公司信息。

**图 5 – 88　开启大厅——询价**

（4）如图 5 – 89 所示，待开启人开启后，开启大厅右侧将显示【请解密】，点击并选择 CA 解密或者选择其他方式（密码信封）解密，解密操作应在解密倒计时结束前完成，否则视为解密失败。

采用 CA 解密方式，需确保 CA 已连接电脑且账号下已绑定 CA 证书，输入 CA 密码，即可完成解密。

采用其他方式（密码信封）解密可直接输入响应文件加密时设置的密码字符，点击【确认】，即可完成解密。

**图 5 - 89  开启大厅（请解密）——询价**

（5）如图 5 - 90 所示，所有供应商解密完毕后，屏幕将显示"等待开启人发送开启记录表签名"，开启人发送记录表之后，右侧将显示【请签名】，点击并按提示完成。

签名仅支持使用 CA 进行签名，供应商未进行签名且未提出异议的，签名时间结束后将默认已签名。

**图 5 - 90  开启大厅——询价开启结束**

（6）开启人结束开启后，即完成参与网上开启会。

## 九、查看通知书

1. 操作流程

【投标管理】—【我的项目】—【操作】—【成交通知书查看】/【成交结果通知书查看】

2. 操作步骤

（1）点击菜单中【投标管理】下的【我的项目】，再点击【操作】后进入主控台页面，可点击【成交通知书查看】进入查看采购结果页面，下载成交通知书，如图 5 – 91 所示。成交的供应商可查看成交通知书。

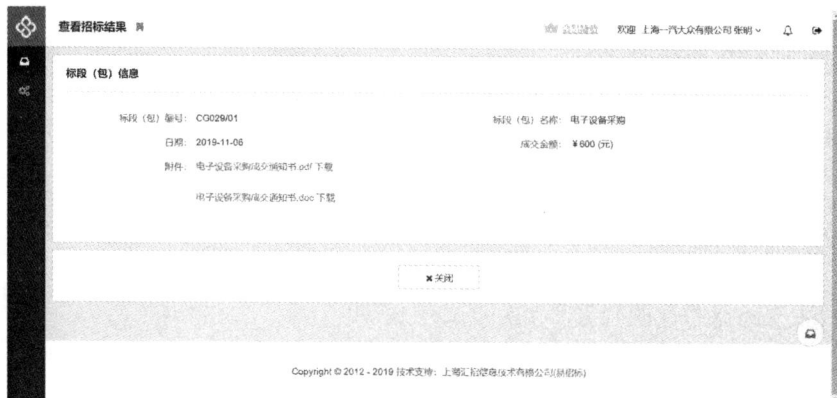

**图 5 – 91　成交供应商查看页面——询价**

（2）未成交的供应商进入主控台后可点击【成交结果通知书查看】进入查看成交结果页面，下载采购结果通知书，如图 5 – 92 所示。

**图 5 – 92　未成交供应商查看页面——询价**

**提示：**

成交供应商与未成交供应商可下载查看的文件信息不同。

## 第四节　实战演练

### 一、系统实训

请按以下要求在系统中完成一个完整的询价采购流程：

（1）请建立一个需网上购标、报名的多标段（两个及以上）的询价项目；

（2）所有标段对应一份采购公告，项目不需缴纳保证金；

（3）所有标段使用同一份采购文件，且文件出售方式为：按文件出售；

（4）采用最低评标价法对供应商进行评审；

（5）组建的询价小组人数大于3人。

## 二、思考题

1. 在政府询价采购项目中，具备什么条件的项目可采用询价方式进行采购？

2. 政府采购中的询价，采购人是否可以发起二次（多轮）报价？

3. 询价采购与竞争性谈判采购流程有什么区别？

# 第六章　竞争性磋商采购操作实务

◇ **学习导航**

　　掌握竞争性磋商采购的流程

　　掌握竞争性磋商采购活动中各环节涉及的法律法规

◇ **教学建议**

　　备课要点：竞争性磋商采购的操作实务、竞争性磋商采购活动涉及的法律法规的理解

　　教授方法：讲授、系统实操、启发式

　　扩展知识领域：竞争性磋商采购的适用范围

立体化教材——操作教学视频

## 第一节　竞争性磋商采购简要流程

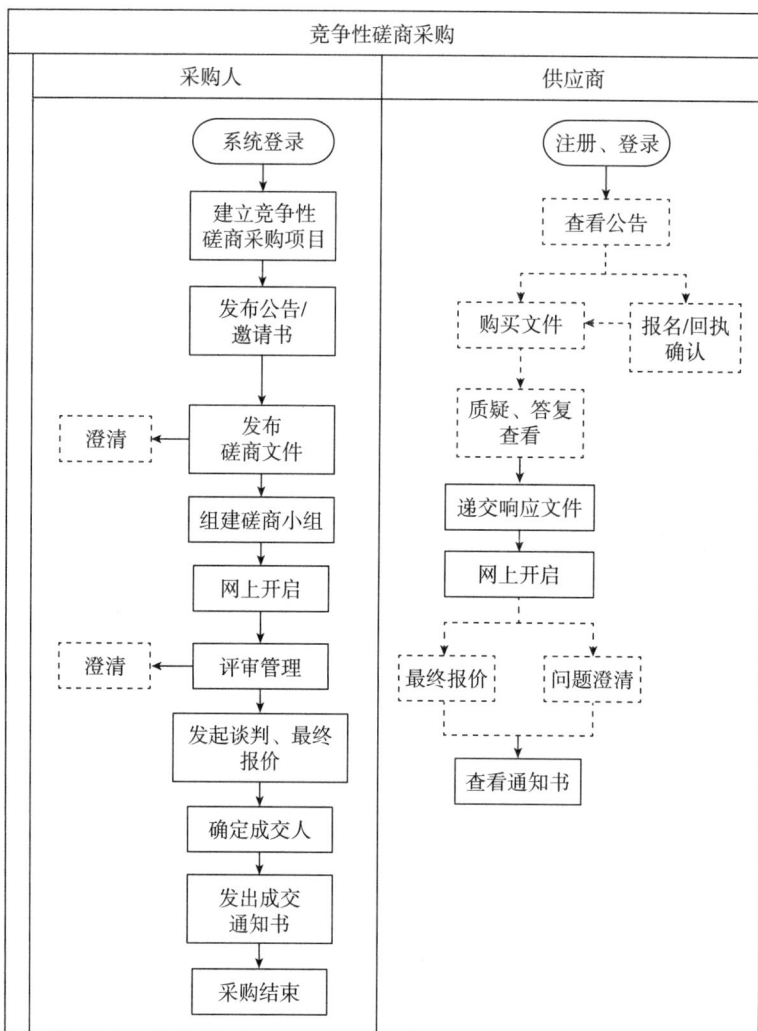

```
┌─────────────────────────────────────────────────────┐
│                  竞争性磋商采购                        │
├───────────────────────┬───────────────────────────┤
│        采购人          │          供应商            │
│                        │                            │
│      ╭─────────╮       │       ╭─────────╮          │
│      │ 系统登录 │       │       │ 注册、登录│          │
│      ╰─────────╯       │       ╰─────────╯          │
│           │            │            │               │
│     ┌──────────┐       │      ┌──────────┐          │
│     │ 建立竞争性 │       │      │ 查看公告  │          │
│     │ 磋商采购项目│       │      └──────────┘          │
│     └──────────┘       │            │               │
│           │            │  ┌──────┐  │  ┌──────┐      │
│     ┌──────────┐       │  │购买文件│←─┼─→│报名/回执│    │
│     │ 发布公告/  │       │  └──────┘     │确认   │      │
│     │ 邀请书    │       │            │  └──────┘      │
│     └──────────┘       │      ┌──────────┐          │
│           │            │      │ 质疑、答复 │          │
│  ┌────┐ ┌──────┐       │      │ 查看     │          │
│  │澄清│ │ 发布  │       │      └──────────┘          │
│  └────┘ │ 磋商文件│      │            │               │
│         └──────┘       │      ┌──────────┐          │
│           │            │      │ 递交响应文件│          │
│     ┌──────────┐       │      └──────────┘          │
│     │ 组建磋商小组│      │            │               │
│     └──────────┘       │      ┌──────────┐          │
│           │            │      │ 网上开启  │          │
│     ┌──────────┐       │      └──────────┘          │
│     │ 网上开启  │       │            │               │
│     └──────────┘       │  ┌──────┐   ┌──────┐       │
│           │            │  │最终报价│   │问题澄清│       │
│  ┌────┐ ┌──────┐       │  └──────┘   └──────┘       │
│  │澄清│ │ 评审管理│      │            │               │
│  └────┘ └──────┘       │      ┌──────────┐          │
│           │            │      │ 查看通知书 │          │
│     ┌──────────┐       │      └──────────┘          │
│     │ 发起谈判、 │       │                            │
│     │ 最终报价  │       │                            │
│     └──────────┘       │                            │
│           │            │                            │
│     ┌──────────┐       │                            │
│     │ 确定成交人 │       │                            │
│     └──────────┘       │                            │
│           │            │                            │
│     ┌──────────┐       │                            │
│     │ 发出成交  │       │                            │
│     │ 通知书    │       │                            │
│     └──────────┘       │                            │
│           │            │                            │
│     ┌──────────┐       │                            │
│     │ 采购结束  │       │                            │
│     └──────────┘       │                            │
└───────────────────────┴───────────────────────────┘
```

## 第二节　竞争性磋商采购流程操作实务

### 一、系统登录

进入任意浏览器，在网址栏输入指定地址进入电子招标投标交易平台，选择【密码登录】登录演示专用账号，如图6-1所示。

**图 6 - 1　系统登录页面——竞争性磋商**

## 二、建立竞争性磋商采购项目

1. 相关法律

《政府采购竞争性磋商采购方式管理暂行办法》（财库〔2014〕214 号）

第三条　符合下列情形的项目,可以采用竞争性磋商方式开展采购:

（一）政府购买服务项目;

（二）技术复杂或者性质特殊,不能确定详细规格或者具体要求的;

（三）因艺术品采购、专利、专有技术或者服务的时间、数量事先不能确定等原因不能事先计算出价格总额的;

（四）市场竞争不充分的科研项目,以及需要扶持的科技成果转化项目;

（五）按照招标投标法及其实施条例必须进行招标的工程建设项目以外的工程建设项目。

第五条　采购人、采购代理机构应当按照政府采购法和本办法的规定组织开展竞争性磋商,并采取必要措施,保证磋商在严格保密的情况下进行。

2. 操作流程

【采购立项】—【添加项目】—【确定】—【保存】—【提交审批】—【项目已生效】

3. 操作步骤

（1）点击菜单栏中的【采购方案】,出现隐藏菜单,如图 6 -2 所示。

图6-2　查询采购方案页面——竞争性磋商

（2）点击【采购立项】进入查询采购立项页面，点击【添加项目】，如图6-3所示，建立竞争性磋商采购项目。

图6-3　查询采购立项页面——竞争性磋商

（3）进入项目基本信息页面，如图6-4所示，"＊"为必填项，选择"政府采购"及"竞争性磋商"即为建立竞争性磋商采购项目，点击【确认】即进入基本信息页面，根据要求填制即可。

图6-4　项目基本信息页面——竞争性磋商

（4）新建政府采购非招标项目需填写项目信息，如图 6 - 5 所示；各个参数的选择将影响竞争性磋商的后续流程。

如采购方式可选择"供应商报名"／"推荐供应商"。选择"供应商报名"即为公开的竞争性磋商采购项目，在后续的流程中发布竞争性磋商公告邀请不特定潜在供应商；选择"推荐供应商"即为邀请的竞争性谈判采购项目，在后续流程中将发布竞争性谈判邀请书邀请特定潜在供应商。"是否需要购标"选择"是"，则在编辑公告/邀请书时需填写文件出售信息，且供应商需购买文件。

**图 6 - 5　建立竞争性磋商项目页面**

（5）根据实际情况及要求填制完成后，需先点击【保存】可对项目信息进行保存；再点击【提交审批】后项目即可交由审批人员审批。

（6）项目审批时需进行审批信息操作，如图 6 - 6 所示，左边长框选择"审批待选人员"，点击箭头添加至右边"已选审批人员"，点击【提交】，项目才能完成【提交审批】过程。

**图 6 - 6　审批信息操作页面——竞争性磋商**

— 217 —

（7）审批通过后点击菜单栏中的【采购立项】进入采购立项查询页面，确认项目已生效后则成功建立竞争性磋商采购项目。

**提示：**

（1）出现灰色长框，为客观选择项，点击长框左侧放大镜，根据要求查询并选中所需选项，点击【选择】完成操作。

（2）审批过程中可点击【明细】查看审批进度及审批人员。

（3）为提高教学的便捷性，建议所有审批均选择当前账号人员为审批人。

## 三、竞争性磋商公告编制与发布

1. 相关法律

《政府采购竞争性磋商采购方式管理暂行办法》

第六条　采购人、采购代理机构应当通过发布公告、从省级以上财政部门建立的供应商库中随机抽取或者采购人和评审专家分别书面推荐的方式邀请不少于3家符合相应资格条件的供应商参与竞争性磋商采购活动。

符合政府采购法第二十二条第一款规定条件的供应商可以在采购活动开始前加入供应商库。财政部门不得对供应商申请入库收取任何费用，不得利用供应商库进行地区和行业封锁。

采取采购人和评审专家书面推荐方式选择供应商的，采购人和评审专家应当各自出具书面推荐意见。采购人推荐供应商的比例不得高于推荐供应商总数的50%。

第七条　采用公告方式邀请供应商的，采购人、采购代理机构应当在省级以上人民政府财政部门指定的政府采购信息发布媒体发布竞争性磋商公告。竞争性磋商公告应当包括以下主要内容：

（一）采购人、采购代理机构的名称、地点和联系方法；

（二）采购项目的名称、数量、简要规格描述或项目基本概况介绍；

（三）采购项目的预算；

（四）供应商资格条件；

（五）获取磋商文件的时间、地点、方式及磋商文件售价；

（六）响应文件提交的截止时间、开启时间及地点；

（七）采购项目联系人姓名和电话。

2. 操作流程

【政府采购】—【竞争性磋商项目】—【主控台】—【公告编辑】/【投标邀请书编辑】—【保存】—【提交审批】—【公告发布】/【投标邀请书发出】

3. 操作步骤

（1）磋商公告。

1）点击菜单【政府采购】下的【竞争性磋商项目】进入竞争性磋商项目查询页面，查找已建立的竞争性磋商项目，如图6-7所示。

图 6-7　采购立项查询页面——竞争性磋商

2）若项目为公开竞争性磋商，则需编辑并发布竞争性磋商公告。点击【主控台】进入项目主控台页面，如图 6-8 所示。

图 6-8　项目主控台页面——竞争性磋商公告编辑

3）点击【公告编辑】进入编辑公告页面，需填写项目信息、标段（包）选择、报名信息、采购文件信息、文件出售信息、响应文件递交信息、公告基本信息设置、公告内容，如图 6-9 所示。编辑公告完成后点击【保存】可对公告信息进行保存；点击【提交审批】后公告即可交由审批人员审批。

公告编辑页面所设置的时间节点将影响后续流程的时间控制。如设置好响应文件递交截止时间及开启时间后，供应商仅能在该时间前递交响应文件，交易平台拒绝接受该时间后递交的响应文件。

**图 6 – 9　公告编辑页面——竞争性磋商**

4）审批通过后点击主控台中【公告发布】进入发布公告页面，如图 6 – 10 所示；查看信息无误后点击【发布】公告即可成功发布。

**图 6 – 10　项目主控台页面——竞争性磋商公告发布**

（2）磋商邀请书。

1）点击菜单栏中的【政府采购】进入子菜单【竞争性磋商项目】选择已建立的竞争性磋商项目，进入【主控台】点击【投标邀请】，如图 6 – 11 所示。

邀请书的编辑与公告编辑基本相同，但投标邀请编辑页面需要选择特定的供应商。

**图 6 – 11　项目主控台页面——竞争性磋商投标邀请编辑**

2）点击【投标邀请】，需填写项目信息、是否网上售标、文件发售开始时间、文件发售结束时间、澄清问题提交截止时间、响应文件递交信息、邀请书内容等相关信息，并选择特定的供应商，如图 6 – 12 所示；磋商邀请书完成后点击【保存】可对磋商邀请信息进行保存；点击【提交审批】后磋商邀请书即可提交至审批人员审批。

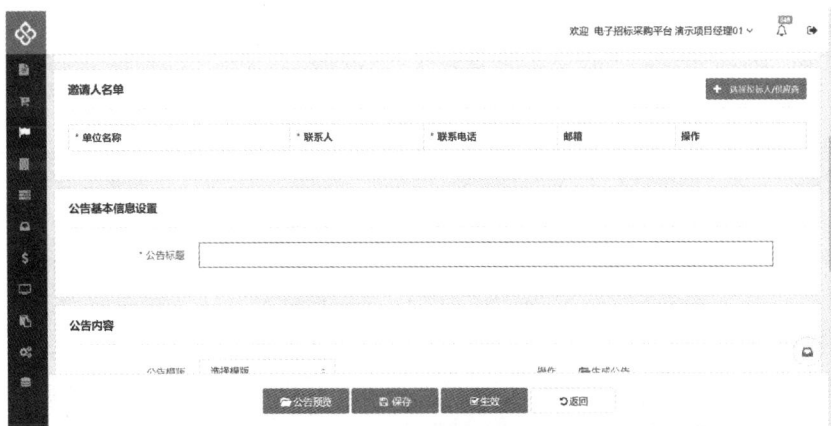

**图 6 – 12　磋商邀请编辑页面——竞争性磋商**

3）审批通过后点击主控台中【投标邀请发出】进入发布页面，如图 6 – 13 所示。查看信息无误后点击【发布】，邀请书即可成功发布，被邀请的供应商登录平台后可查收邀请书。

**图 6 – 13   页面投标邀请发出——竞争性磋商**

**提示：**

公告审批通过后，主控台页面才可看到【公告发布】/【投标邀请发出】字段信息。公告发布后，主控台页面才可看到【邀请回执查看】、【投标邀请变更】字段信息。

在邀请书发出后，可点击主控台中【补充邀请】进行供应商的补充邀请操作。

## 四、竞争性磋商文件编制与发布

1. 相关法律

《政府采购竞争性磋商采购方式管理暂行办法》

第八条   竞争性磋商文件（以下简称磋商文件）应当根据采购项目的特点和采购人的实际需求制定，并经采购人书面同意。采购人应当以满足实际需求为原则，不得擅自提高经费预算和资产配置等采购标准。

磋商文件不得要求或者标明供应商名称或者特定货物的品牌，不得含有指向特定供应商的技术、服务等条件。

第九条   磋商文件应当包括供应商资格条件、采购邀请、采购方式、采购预算、采购需求、政府采购政策要求、评审程序、评审方法、评审标准、价格构成或者报价要求、响应文件编制要求、保证金交纳数额和形式以及不予退还保证金的情形、磋商过程中可能实质性变动的内容、响应文件提交的截止时间、开启时间及地点以及合同草案条款等。

第十条   从磋商文件发出之日起至供应商提交首次响应文件截止之日止不得少于 10 日。

磋商文件售价应当按照弥补磋商文件制作成本费用的原则确定，不得以营利为目的，不得以项目预算金额作为确定磋商文件售价依据。磋商文件的发售期限自开始之日起不得少于 5 个工作日。

提交首次响应文件截止之日前，采购人、采购代理机构或者磋商小组可以对已发出的磋商文件进行必要的澄清或者修改，澄清或者修改的内容作为磋商文件的组成部分。澄清或者修改的内容可能影响响应文件编制的，采购人、采购代理机构应当在提交首次响应文件截止时间至少 5 日前，以书面形式通知所有获取磋商文件的供应商；不足 5 日的，采购人、采购代理机构应当顺延提交首次响应文件截止时间。

第二十四条　综合评分法评审标准中的分值设置应当与评审因素的量化指标相对应。磋商文件中没有规定的评审标准不得作为评审依据。

评审时，磋商小组各成员应当独立对每个有效响应的文件进行评价、打分，然后汇总每个供应商每项评分因素的得分。

综合评分法货物项目的价格分值占总分值的比重（即权值）为 30% 至 60%，服务项目的价格分值占总分值的比重（即权值）为 10% 至 30%。采购项目中含不同采购对象的，以占项目资金比例最高的采购对象确定其项目属性。符合本办法第三条第三项的规定和执行统一价格标准的项目，其价格不列为评分因素。有特殊情况需要在上述规定范围外设定价格分权重的，应当经本级人民政府财政部门审核同意。

综合评分法中的价格分统一采用低价优先法计算，即满足磋商文件要求且最后报价最低的供应商的价格为磋商基准价，其价格分为满分。其他供应商的价格分统一按照下列公式计算：

磋商报价得分 =（磋商基准价/最后磋商报价）×价格权值×100

项目评审过程中，不得去掉最后报价中的最高报价和最低报价。

2. 操作流程

【政府采购立项】—【竞争性磋商项目】—【主控台】—【采购文件管理】—【编辑文件】—【提交】—【编制专用表单】—【完成】—【设定评标条款】—【完成】—【生成数据包】—【生效】—【提交审批】—【采购文件发出】—【全部发出】

3. 操作步骤

（1）点击菜单栏中的【政府采购】下的【竞争性磋商项目】进入竞争性磋商项目查询页面，选择已建立的竞争性磋商项目，点击项目下的【主控台】进入主控台页面，如图 6 - 14 所示。

**图 6 - 14　项目主控台页面——竞争性磋商采购文件管理**

（2）竞争性磋商采购方式通常采用综合评分法确定成交人，因此系统默认此方式的评审办法为综合评分法。返回到主控台界面，点击【采购文件管理】进入发标管理—文件管理—查询界面，如图 6 – 15 所示。按顺序操作，需上传磋商文件、编制专用表单，设置评审条款，生成数据包。具体操作如下：

**图 6 – 15　文件管理页面——竞争性磋商**

1）编辑磋商文件。点击文件管理—查询页面中的【编辑文件】图标进入文件管理—新增页面，如图 6 – 16 所示；在新增页面需完成竞争性磋商文件的上传并确定文件下载/发售时间和响应文件递交截止及开启时间，若公告/邀请书已编制完成则文件出售/下载时间和响应文件递交截止及开启时间系统将自动带出。编辑完成后点击【提交】即可完成编辑文件部分。

**图 6 – 16　编制磋商文件页面——竞争性磋商**

2）项目专用表单编制。项目专用表单指在磋商采购文件中涉及的业务表单，一般包括开启一览表、分项报价表等。点击文件管理—查询页面中的【表单编制】图标进入项目专用表单管理页面，在系统中表单编制可分为从历史项目表单引用、从表单库中引用、新建我的表单三种方式，如图 6 – 17 所示；新建的专用表单中有开标一览表、分项报价表、技术参数表等 5 种表格，如图 6 – 18 所示。

**图 6 – 17　专用表单页面——竞争性磋商**

**图 6 – 18　编制表单信息页面——竞争性磋商**

3）评审条款编制。点击文件管理—查询页面中的【评标条款编制】图标进入评审条款设定页面，系统将默认选中一个评分原则，如图 6 – 19 所示；系统将给出默认的评审阶段、评审节点、评审条款，项目经理可根据实际情况重新选择评分原则并对评审阶段、评审节点、评审条款进行增加、删除等操作，如图 6 – 20 所示。点击【完成】即可完成评审条款编制部分。

评审条款的设置操作流程与招标项目一致，详见第三章第二节。

图 6-19 选择评分原则页面——竞争性磋商

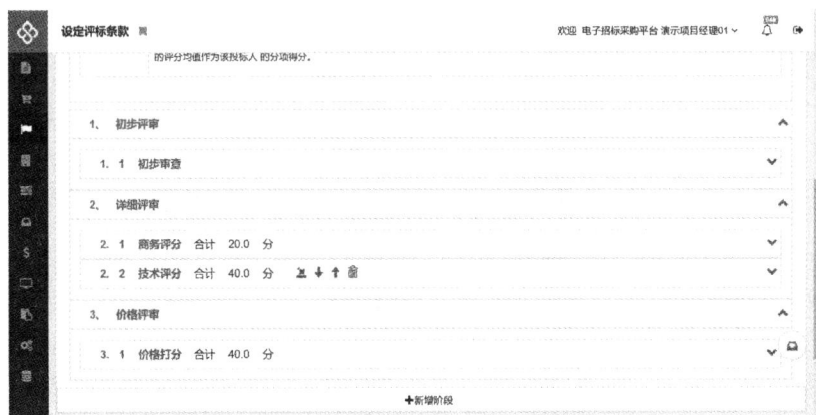

图 6-20 设置评审条款页面——竞争性磋商

（3）完成文件编辑、评审条款设置、专用表单的编制后点击【生成数据包】，完成数据包的生成；再点击【生效】，完成竞争性磋商文件编辑后点击【保存】可对竞争性磋商文件信息进行保存；再点击【提交审批】即可提交至审批人员审批，如图 6-21 所示；审批通过后则可发出采购文件，如图 6-22 所示。进入项目主控台页面，点击【采购文件发出】进入文件发出页面，点击【全部发出】，即完成竞争性磋商文件的发出工作。

图 6-21 磋商文件生效页面

图 6-22　项目主控台页面——磋商采购文件发出

**提示:**

磋商文件只有在公告/邀请书发布后才能发出。

## 五、竞争性磋商公告变更及文件澄清

1. 相关法律

《政府采购竞争性磋商采购方式管理暂行办法》

第十条　从磋商文件发出之日起至供应商提交首次响应文件截止之日止不得少于10 日。

磋商文件售价应当按照弥补磋商文件制作成本费用的原则确定,不得以营利为目的,不得以项目预算金额作为确定磋商文件售价依据。磋商文件的发售期限自开始之日起不得少于 5 个工作日。

提交首次响应文件截止之日前,采购人、采购代理机构或者磋商小组可以对已发出的磋商文件进行必要的澄清或者修改,澄清或者修改的内容作为磋商文件的组成部分。澄清或者修改的内容可能影响响应文件编制的,采购人、采购代理机构应当在提交首次响应文件截止时间至少 5 日前,以书面形式通知所有获取磋商文件的供应商;不足 5 日的,采购人、采购代理机构应当顺延提交首次响应文件截止时间。

2. 操作流程

磋商公告变更:【政府采购】—【竞争性磋商项目】—【主控台】—【变更公告编辑】—【保存】—【提交审批】—【主控台】—【变更公告发布】—【发布】

磋商文件澄清:【政府采购】—【竞争性磋商项目】—【主控台】—【采购文件澄清管理】—【回复/提出澄清】—【保存】—【生效】—【发出】

3. 操作步骤

(1) 磋商公告变更。

1) 点击菜单栏中的【政府采购】下的【竞争性磋商项目】进入竞争性磋商项目

查询页面，选择已建立的竞争性磋商项目，点击项目下的【主控台】进入主控台页面，点击【变更公告编辑】可对采购文件发售开始时间、文件发售结束时间、澄清问题提交截止时间、响应文件递交截止时间及开启时间等进行编辑，如图 6 – 23 所示，点击【保存】可对公告信息进行保存；点击【提交审批】后公告即可交由审批人员审批。

**图 6 – 23　竞争性磋商变更公告页面**

2）审批通过后，进入主控台页面将如图 6 – 24 所示，点击【变更公告发布】进入发布公告页面，查看信息无误后点击【发布】，变更公告即可发布。

**图 6 – 24　项目主控台页面——竞争性磋商变更公告发布**

（2）磋商文件澄清。

1）采购文件编制完成并发布后，若文件存在问题或供应商对采购文件提出质疑，则可进行文件澄清。点击菜单栏中的【政府采购】下的【竞争性磋商项目】选择已建立的竞争性磋商项目，点击项目下的【主控台】进入主控台页面，如图 6 – 25 所示。

**图 6 – 25 项目主控台页面——竞争性磋商采购文件澄清**

2）点击【采购文件澄清管理】进入采购文件澄清管理页面，此页面可查看投标人/供应商提出的问题、项目经理回复/澄清的记录。

若需要对竞争性磋商文件进行澄清，可以点击页面右侧【回复/提出澄清】，对竞争性磋商文件进行澄清操作，如图 6 – 26 所示。进入回复/提出澄清的页面后，需对澄清提出方式进行选择。澄清提出方式为"回复疑问"，需选择对应的供应商问题记录，回复供应商提出的问题；澄清提出方式为"提出澄清"，需主动添加澄清内容，如图 6 – 27 所示。如需修改文件递交截止时间，也可以在此页面进行修改。

澄清内容必须对所有供应商发布，因此在多标段（包）情况下，澄清对象可以选择该项目标段（包）下所有供应商，也可以选择该项目下所有标段（包）供应商。被选择的澄清对象，可以在系统中查收到该澄清内容。

如果澄清或修改内容涉及专用表单和评审条款的变更，可点击采购文件澄清页面右下方的【数据包变更澄清】，在该页面内重新编制、生成数据包。对数据包进行变更澄清后，供应商需重新下载数据包，依据最新的数据包在投标文件客户端编制响应文件。

**图 6 – 26 采购文件澄清管理页面——竞争性磋商**

**图6-27　竞争性磋商回复/提出澄清页面**

3）澄清内容编辑完成后，点击【生效】则澄清内容生效；此时采购文件澄清管理页面如图6-28所示，操作栏将显示可发出，点击【发出】即可向供应商发出文件澄清。

**图6-28　竞争性磋商采购文件澄清管理页面**

## 六、组建磋商小组

### 1. 相关法律

《政府采购竞争性磋商采购方式管理暂行办法》

第十四条　磋商小组由采购人代表和评审专家共3人以上单数组成，其中评审专家人数不得少于磋商小组成员总数的2/3。采购人代表不得以评审专家身份参加本部门或本单位采购项目的评审。采购代理机构人员不得参加本机构代理的采购项目的评审。

采用竞争性磋商方式的政府采购项目，评审专家应当从政府采购评审专家库内相关专业的专家名单中随机抽取。符合本办法第三条第四项规定情形的项目，以及情况特殊、通过随机方式难以确定合适的评审专家的项目，经主管预算单位同意，可以自行选定评审专家。技术复杂、专业性强的采购项目，评审专家中应当包含 1 名法律专家。

2. 操作流程

【政府采购】—【竞争性磋商项目】—【主控台】—【组建磋商小组】—【保存】—【确定】—【综合办公】—【专家抽取】—【评标委员会】—【组建评委会】—【抽取评标专家】—【抽取】—【选中】—【保存】—【提交审批】

3. 操作步骤

（1）点击菜单栏中的【政府采购】下的【竞争性磋商项目】进入竞争性磋商项目查询页面，选择已建立的竞争性磋商项目，点击项目下的【主控台】进入主控台页面，点击【组建磋商小组】，需填写组建评委会方式、评审专家人数、采购人代表人数等，如图 6 – 29 所示。其中组建评委会方式有随机抽取、直接指定、外部平台抽取三种。

**图 6 – 29　申请评委会页面（1）——竞争性磋商**

（2）若组建评委会方式选择随机抽取，则需添加抽取条件；若选择直接指定或外部平台抽取，则需选择评委会成员相关信息。示例操作中将以随机抽取的方式组建评委会，如图 6 – 30 所示。

**图 6 – 30　申请评委会页面（2）——竞争性磋商**

（3）若选择随机抽取，则由项目经理填写评委会信息提交抽取申请，专家抽取进行抽取，抽取专员在【综合办公】的【专家抽取】菜单中进入【评标委员会】页面，选择需组建评委会的项目点击【组建评委会】查看并保存评委会主信息后进入抽取专家页面，点击【抽取】进行专家的随机抽取工作，如图6-31和图6-32所示。

（注：为提高教学的便捷性，系统赋予项目经理抽取专员的操作权限，即项目经理可直接进行专家抽取工作。磋商采购流程中，系统中显示的评委会信息即代表磋商小组信息。）

图6-31　查询评委会列表页面——竞争性磋商

图6-32　抽取专家页面——竞争性磋商

（4）抽取评审专家完成后在处理结果中选中专家，点击【保存】可对抽取专家信息进行保存，如图6-33所示；点击【提交审批】后抽取结果即可交由审批人员审批。

**图 6 - 33　抽取专家页面——竞争性磋商**

（5）审批通过后，该项目组建评标委员会的状态为"已完成"。

**提示：**

磋商小组由采购人代表和有关专家共 3 人以上的单数组成，其中专家的人数不得少于成员总数的 2/3。

## 七、网上开启

1. 操作流程

开启设置：【政府采购】—【竞争性磋商项目】—【主控台】—【开标设置】

网上开启：【政府采购】—【竞争性磋商项目】—【主控台】—【开标】／【开标（网页版）】—【请开标】—【发送开标记录表】—【查看开标记录表】—【开标结束】

2. 操作步骤

（1）开启设置。

1）在响应文件递交截止时间前需在系统中进行开启设置；点击菜单中【政府采购】下的【竞争性磋商项目】进入竞争性磋商项目查询页面，点击【主控台】进入主控台页面。

2）点击【开标设置】进入开启设置页面后，需确认解密时限、签名时限、是否启用无人开启、选择监标人和列席人员、选择标段（包）信息等，点击【保存】可对开启设置进行保存，如图 6 - 34 所示。

图 6 - 34　开启设置页面——竞争性磋商

（2）网上开启。

1）点击菜单栏中的【政府采购】下的【竞争性磋商项目】进入竞争性磋商项目查询页面，选择已建立的竞争性磋商项目，在所选项目的主控台页面点击【开标】，选择今日开启项目公示牌上的标室名称，如图 6 - 35 所示，进入开启大厅。

图 6 - 35　开启大厅页面——竞争性磋商

2）进入开启大厅后，告示牌上方有开启倒计时，同时显示供应商进入大厅、签到的信息，告示牌左边有已完成操作的供应商计数。在无人开启模式下，项目经理在响应截止时间到达时进入开启大厅自动开启并自动进入开启解密倒计时阶段。在非无人模式下，当响应截止时间倒计时结束时，项目经理可点击【请开标】黄色箭头开启，如图 6 - 36 所示；开启后进入供应商解密阶段，开启解密倒计时。

**图 6 - 36　开启大厅页面（请开标）——竞争性磋商**

3）解密开启后供应商可进行解密，当所有参与开启的供应商都解密完成后，系统提示"发送开启记录表"；项目经理点击【发送开标记录表】，供应商即可查看、下载开启一览表，并对开启一览表进行签名。无人开启自动下发开启记录表，开启签名倒计时，如图 6 - 37 所示。

**图 6 - 37　发送开启记录表页面——竞争性磋商**

4）开启人可点击【查看开标记录表】查阅供应商的报价；当所有供应商签名结束可点击【开标结束】；无人开启模式下自动开启结束，关闭开启大厅，完成网上开启，结束开启后退出开启大厅，如图 6 - 38 所示。开启结束后无法再进入项目的开启大厅，此时可点击项目主控台中的开启过程记录表查看记录。

图 6 - 38　结束开启页面——竞争性磋商

## 八、评审管理

1. 相关法律

《政府采购竞争性磋商采购方式管理暂行办法》

第十六条　磋商小组成员应当按照客观、公正、审慎的原则，根据磋商文件规定的评审程序、评审方法和评审标准进行独立评审。未实质性响应磋商文件的响应文件按无效响应处理，磋商小组应当告知提交响应文件的供应商。

磋商文件内容违反国家有关强制性规定的，磋商小组应当停止评审并向采购人或者采购代理机构说明情况。

第十八条　磋商小组在对响应文件的有效性、完整性和响应程度进行审查时，可以要求供应商对响应文件中含义不明确、同类问题表述不一致或者有明显文字和计算错误的内容等作出必要的澄清、说明或者更正。供应商的澄清、说明或者更正不得超出响应文件的范围或者改变响应文件的实质性内容。

磋商小组要求供应商澄清、说明或者更正响应文件应当以书面形式作出。供应商的澄清、说明或者更正应当由法定代表人或其授权代表签字或者加盖公章。由授权代表签字的，应当附法定代表人授权书。供应商为自然人的，应当由本人签字并附身份证明。

第二十一条　磋商文件能够详细列明采购标的的技术、服务要求的，磋商结束后，磋商小组应当要求所有实质性响应的供应商在规定时间内提交最后报价，提交最后报价的供应商不得少于 3 家。

磋商文件不能详细列明采购标的的技术、服务要求，需经磋商由供应商提供最终设计方案或解决方案的，磋商结束后，磋商小组应当按照少数服从多数的原则投票推荐 3 家以上供应商的设计方案或者解决方案，并要求其在规定时间内提交最后报价。

最后报价是供应商响应文件的有效组成部分。符合本办法第三条第四项情形的，提交最后报价的供应商可以为 2 家。

2. 操作流程

【政府采购】—【竞争性磋商项目】—【主控台】—【评审准备】—【启动评

标】—【评审管理】—【初步评审待汇总】—【汇总】—【详细评审待汇总】—【汇总】—【谈判过程待汇总】—【发送谈判通知】—【新增谈判记录】—【发起最终报价】—【结束报价】—【价格评审待汇总】—【汇总】—【待确认】—【汇总全部完成】—【待生成】—【待生成】—【评审结束】—【确定】—【生效】

3. 操作步骤

（1）点击系统菜单中【政府采购】下的【竞争性磋商项目】进入竞争性磋商项目查询页面，找到已建立的竞争性磋商项目，点击【主控台】进入项目主控台页面，如图6-39所示；在主控台界面点击【评审准备】进入评审准备界面后，添加"评审组长""监标人""评审附件"等信息后，点击【启动评审】，如图6-40所示。

如有评审组长，可设置评审组长角色，评审组长牵头组织评审工作，可代项目经理汇总各节点评审工作。

如需分配评审节点，可将各个节点分配给相应的专家进行评审。

图6-39 项目主控台——竞争性磋商

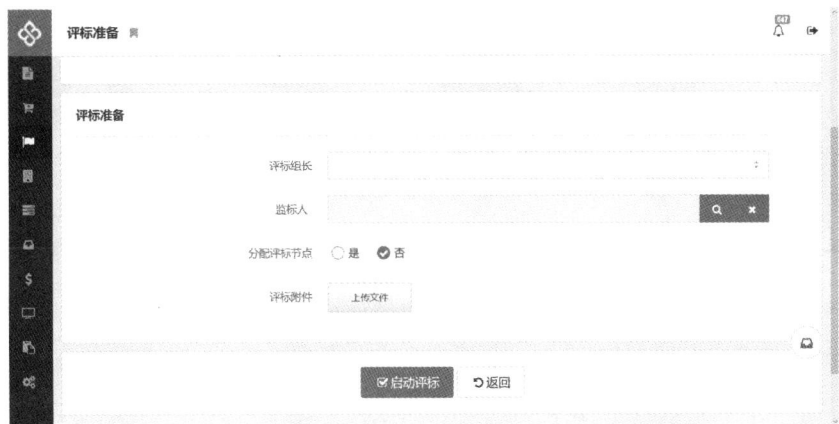

图6-40 评审准备页面——竞争性磋商

（2）进入项目主控台点击【评标管理】，当所有专家初步评审完毕，如图 6 - 41 所示，点击【待汇总】查看初步评审汇总信息再点击【汇总】完成初步评审汇总。

**图 6 - 41　初步评审汇总页面——竞争性磋商**

（3）汇总时可在"结论"一栏查看并修改供应商是否符合标准，在"总述"一栏修改评议说明，完成后点击【汇总】，如图 6 - 42 所示。

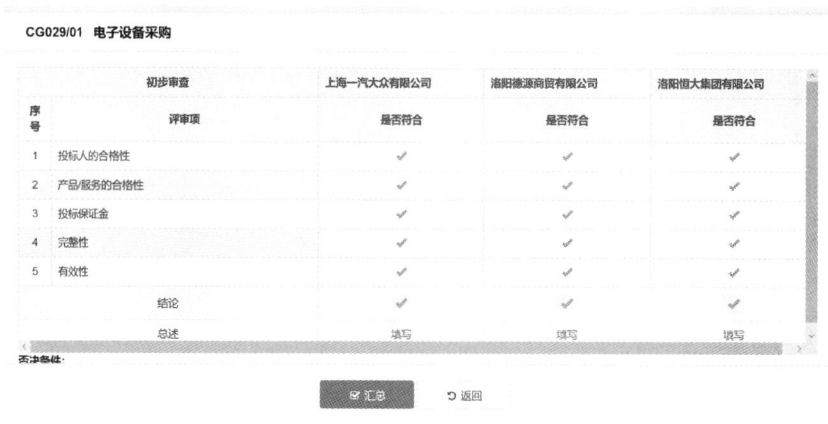

**图 6 - 42　汇总页面——竞争性磋商**

（4）当初步评审汇总完成后可进行详细评审，在此示例项目中详细评审中的评审节点为商务评分、技术评分，待所有专家评审完成后可汇总，项目经理可点击详细评审下的【待汇总】，对详细评审节点进行汇总，如图 6 - 43 所示。

**图 6 - 43　详细评审待汇总页面——竞争性磋商**

（5）详细评审汇总完成后可进行价格评审，在此示例项目中价格评审的评审节点为谈判过程、价格打分，由评审组或项目经理汇总点击价格评审下的【待汇总】，对谈判过程节点进行汇总，如图 6 - 44 所示。

**图 6 - 44　谈判过程待汇总页面——竞争性磋商**

（6）点击谈判过程的【待汇总】进入谈判情况列表界面后，点击【发送谈判通知】向供应商发送谈判通知；磋商完成后，点击【新增谈判记录】上传最新的金额信息、商务条款、谈判记录附件，如图 6 - 45 所示。

**图 6 - 45　新增谈判记录——竞争性磋商**

（7）添加上一步的信息后选择最终报价截止时间，点击【发起最终报价】进入供应商提交最终报价阶段，如图6-46和图6-47所示，到达报价截止时间后在同一页面点击【结束报价】可结束最终报价。

**图6-46 发起最终报价页面——竞争性磋商**

**图6-47 结束报价——竞争性磋商**

（8）结束报价后点击评审管理页面中"价格打分"选项下方的【待汇总】，如图6-48所示。

**图6-48 价格打分待汇总页面——竞争性磋商**

（9）进入价格计算页面后可在每一个供应商的报价表格中输入修正信息，系统根据修正信息自动调整评审价格，根据评审条款中价格评审的计算公式自动计算价格分数，点击【完成】则完成价格评审，评审价格如图6-49所示。

**图6-49 价格打分汇总页面——竞争性磋商**

（10）价格评审汇总结束后点击评审管理页面下方的"评标汇总"右侧的【待确认】；进入页面确认信息无误后点击【汇总全部完成】并点击【确定】完成汇总工作，如图6-50和图6-51所示。

**图6-50 评审汇总待确认页面——竞争性磋商**

**图6-51 确认评审汇总页面——竞争性磋商**

（11）点击"评审表格"右侧的【待生成】进入评审表格信息页面生成综合评审表格，可上传调整后的综合评审表格，结束后点击【完成】，如图6-52和图6-53所示。

**图6-52　评审表格待生成页面——竞争性磋商**

**图6-53　评审表格生成页面——竞争性磋商**

（12）点击"评审报告，监标报告"右侧的【待生成】进入评审报告信息页面，可上传调整后的综合评审报告（必须传）和调整后的监督报告（可不传），点击【完成】后返回，如图6-54和图6-55所示。

**图6-54　评审报告待生成页面——竞争性磋商**

**图6－55 评审报告生成页面——竞争性磋商**

（13）在评审管理页面的右下角点击【选择签名方式】，选择专家签名方式（教学过程中应采用纸质签名方式），签完名后调整相应表格，完成后点击【评审结束】再点击【确定】结束评审工作，如图6－56所示。

**图6－56 结束评审页面——竞争性磋商**

## 九、确定成交人与发出成交通知书

1. 相关法律

《政府采购法实施条例》

第四十三条 采购代理机构应当自评审结束之日起2个工作日内将评审报告送交采购人。采购人应当自收到评审报告之日起5个工作日内在评审报告推荐的中标或者成交候选人中按顺序确定中标或者成交供应商。

采购人或者采购代理机构应当自中标、成交供应商确定之日起2个工作日内，发出中标、成交通知书，并在省级以上人民政府财政部门指定的媒体上公告中标、成交结果，招标文件、竞争性谈判文件、询价通知书随中标、成交结果同时公告。

中标、成交结果公告内容应当包括采购人和采购代理机构的名称、地址、联系方式、项目名称和项目编号，中标或者成交供应商名称、地址和中标或者成交金额，主要中标或者成交标的的名称、规格型号、数量、单价、服务要求以及评审专家名单。

《政府采购竞争性磋商采购方式管理暂行办法》

第二十九条　采购人或者采购代理机构应当在成交供应商确定后2个工作日内，在省级以上财政部门指定的政府采购信息发布媒体上公告成交结果，同时向成交供应商发出成交通知书，并将磋商文件随成交结果同时公告。成交结果公告应当包括以下内容：

（一）采购人和采购代理机构的名称、地址和联系方式；

（二）项目名称和项目编号；

（三）成交供应商名称、地址和成交金额；

（四）主要成交标的的名称、规格型号、数量、单价、服务要求；

（五）磋商小组成员名单。

采用书面推荐供应商参加采购活动的，还应当公告采购人和评审专家的推荐意见。

2. 操作流程

【政府采购】—【竞争性磋商项目】—【主控台】—【确定成交人】—【完成】—【成交公告】—【提交审批】—【成交公告发出】—【成交通知书处理】—【通知书编辑】—【生成编号】—【发出】

3. 操作步骤

（1）在菜单栏点击【政府采购】下的【竞争性磋商项目】进入我的项目页面，点击【主控台】进入主控台页面，评审完成后可在主控台页面点击【确定成交人】，如图6-57所示；进入确定成交人页面后可再次上传项目的附件或是补充项目说明，在成交候选人选项内勾选成交的供应商，点击【完成】，如图6-58所示。

**图6-57　项目主控台页面——竞争性磋商确定成交人**

**图6-58 编辑成交结果公告页面——竞争性磋商**

（2）确定成交人后，回到主控台页面，点击【成交公告】进入成交公告编辑页面；可按照公告模板生成公告，也可以直接在线编辑公告，如图6-59所示。完成公告编辑后点击【提交审批】，审批通过后，回到项目主控台页面，点击【成交公告发出】便可发出成交结果公告。

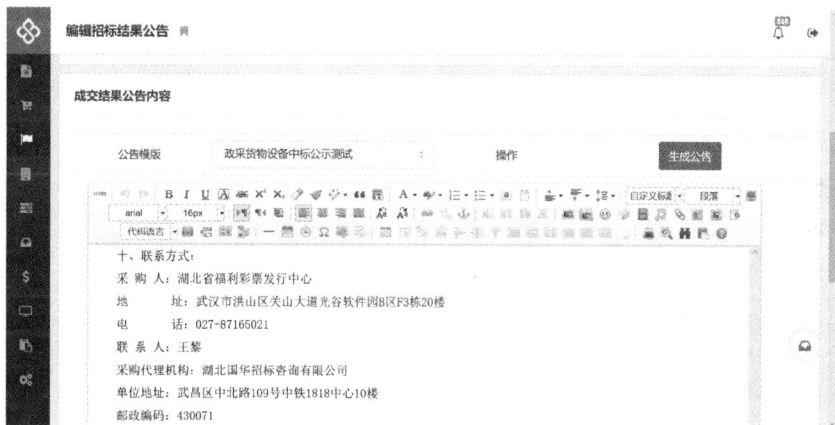

**图6-59 确定成交人页面——竞争性磋商**

（3）成交公告发布后，点击主控台的【成交通知书处理】进入查询成交通知书页面后，点击【通知书编辑】，如图6-60和图6-61所示；进入编辑成交通知书页面后上传附件（当成交金额变动，重新生成预览文件），完成后保存再点击【提交审批】，如图6-62所示。

图6-60 项目主控台页面——竞争性磋商成交通知书处理

图6-61 成交通知书查询页面——竞争性磋商

图6-62 成交通知书编辑页面——竞争性磋商

（4）审批通过后点击【生成编号】，如图6-63所示；再点击【发出】则发出成交通知书。

**图 6 - 63　成交通知书可生成编号页面——竞争性磋商**

（5）编辑成交人的通知书后向未成交的供应商发送采购结果通知；在同一页面的采购结果通知书下点击【通知书编辑】，后续操作与编辑成交通知书类似，如图 6 - 64 所示。

**图 6 - 64　采购结果通知书编辑页面——竞争性磋商**

（6）审批通过后点击【生成】后再点击【发出】则发出采购结果通知书，如图 6 - 65 和图 6 - 66 所示。

**图 6 - 65　采购结果通知书生成页面——竞争性磋商**

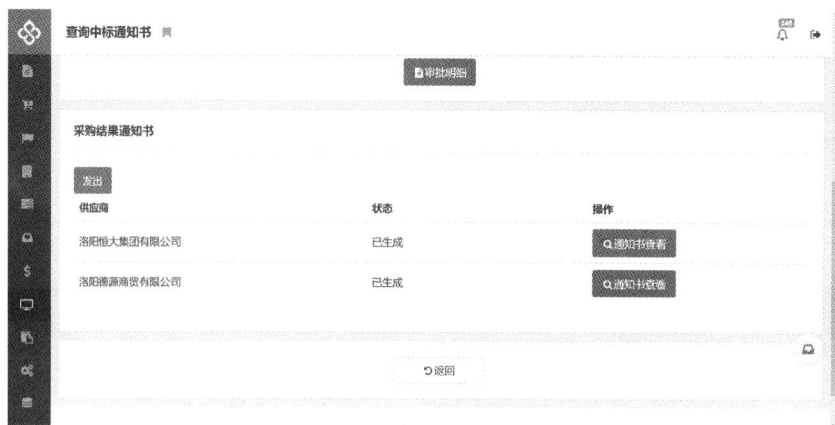

**图 6 - 66　采购结果通知书可发出页面——竞争性磋商**

**提示：**

在特殊情况下，若需要重新评审，在主控台页面点击【重新评审】进入重新评标信息页面后添加重新评审原因，点击【重新评标】。在通知书发出后，如果需要重新选择成交的供应商，在主控台页面点击【重新确定成交人】填写重新选择供应商的理由后，在成交人表格中重新选择。

## 十、采购结束

1. 相关法律

《政府采购竞争性磋商采购方式管理暂行办法》

第三十一条　采购人或者采购代理机构应当在采购活动结束后及时退还供应商的磋商保证金，但因供应商自身原因导致无法及时退还的除外。未成交供应商的磋商保证金应当在成交通知书发出后 5 个工作日内退还，成交供应商的磋商保证金应当在采购合同签订后 5 个工作日内退还。

第三十三条　成交供应商拒绝签订政府采购合同的，采购人可以按照本办法第二十八条第二款规定的原则确定其他供应商作为成交供应商并签订政府采购合同，也可以重新开展采购活动。拒绝签订政府采购合同的成交供应商不得参加对该项目重新开展的采购活动。

第三十四条　出现下列情形之一的，采购人或者采购代理机构应当终止竞争性磋商采购活动，发布项目终止公告并说明原因，重新开展采购活动：

（一）因情况变化，不再符合规定的竞争性磋商采购方式适用情形的；

（二）出现影响采购公正的违法、违规行为的；

（三）除本办法第二十一条第三款规定的情形外，在采购过程中符合要求的供应商或者报价未超过采购预算的供应商不足 3 家的。

2. 操作流程

【政府采购】—【竞争性磋商项目】—【主控台】—【采购结束】—【结束项

目】—【归档管理】—【移交（针对包)】

3. 操作步骤

（1）点击【政府采购】下的【竞争性磋商项目】进入竞争性谈判项目查询页面，点击【主控台】进入主控台页面。在主控台页面点击【采购结束】进入页面后点击【结束项目】再点击【确定】即可结束磋商项目，如图6–67所示。

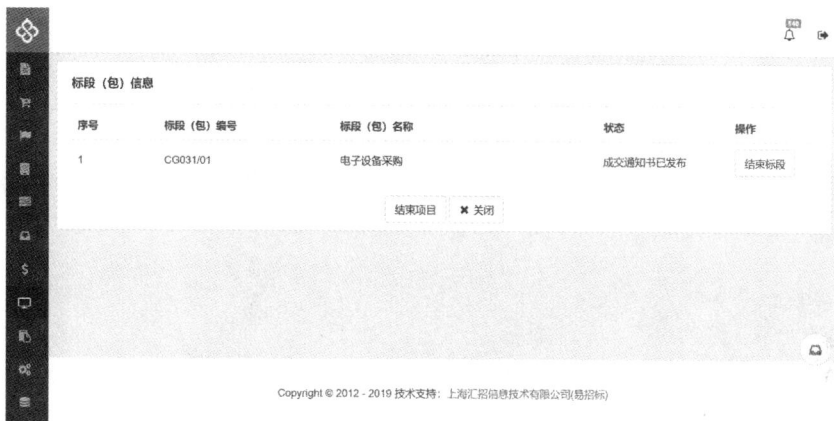

**图6–67　采购结束页面——竞争性磋商**

（2）在主控台页面点击【归档管理】进入归档信息处理页面，上传补充文件或删除重复文件后点击【移交（针对包)】再点击【确定】完成采购资料的归档，如图6–68所示。

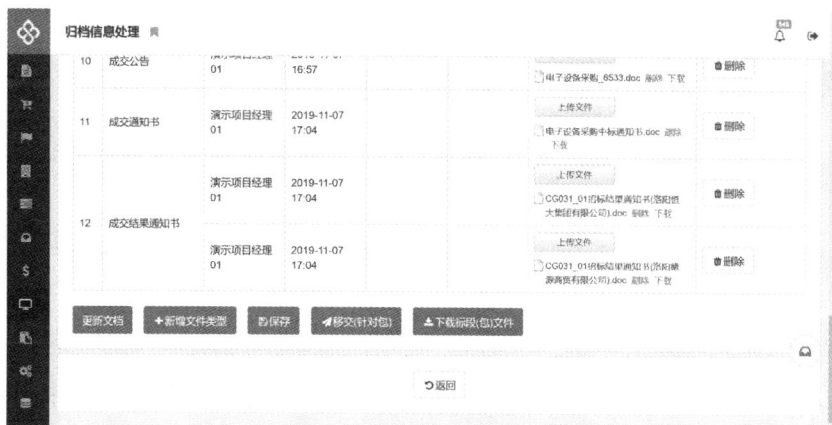

**图6–68　归档管理页面——竞争性磋商**

## 第三节 供应商操作实务

### 一、供应商注册

1. 操作流程

【输入网址】—【没有账号？立即注册】—【立即注册】

2. 操作步骤

（1）进入任意浏览器，在网址栏输入指定地址进入电子招标投标交易平台，系统登录页面，如图6-69所示。

**图6-69 用户注册页面——竞争性磋商**

（2）点击系统登录页面中【没有账号？立即注册】，进入用户注册页面信息页面，按照提示及要求完善相关信息，如地区、证件类型、企业名称等。

（3）在用户注册页面进行用户注册分为四步，分别为企业注册、完善信息、用户审批、注册成功，在用户注册信息页面编辑完成后，点击【立即注册】等待用户审批，审批完成后则注册成功。

### 二、在线报名

1. 操作流程

【投标管理】—【在线报名】—【报名】—【提交】

2. 操作步骤

（1）项目为公开且需要报名时，供应商点击左侧菜单栏【投标管理】中的【在线报名】进入所有可报名的项目列表，如图6-70所示。

**图6-70 在线报名页面——竞争性磋商**

（2）进入在线报名页面，点击项目右侧的【报名】进入网上报名页面，如图6-71所示。填写报名信息后点击【提交】则报名信息提交成功。

**图6-71 填写报名信息页面——竞争性磋商**

提示：

供应商的报名信息发送后，需项目经理进行审核，确认报名通过则供应商报名成功。

## 三、确认邀请回执

1. 操作流程

【投标管理】—【邀请回执】—【确认参加】—【发送】

2. 操作步骤

（1）项目为邀请时，供应商点击左侧菜单栏中【投标管理】下的【邀请回执】进入邀请回执管理页面，如图 6-72 所示。

图 6-72　邀请回执管理页面——竞争性磋商

（2）点击项目右侧的【确认参加】，跳转至投标确认页面后填写相关信息，点击【发送】完成邀请回执的发送，如图 6-73 所示。

图 6-73　邀请确认页面——竞争性磋商

## 四、购买与下载磋商文件

1. 操作流程

【投标管理】—【购买文件】—【立即购买】—【保存】—【提交】—【文件下载】—【确认下载】

**2. 操作步骤**

（1）当项目设置需要购买文件时，若为公开需报名项目则在报名通过后可进行文件的购买；若为邀请项目则在发送完邀请回执后可进行文件购买；购买文件时，在界面左侧菜单栏的【投标管理】中选择【购买文件】，如图 6 – 74 所示。

**图 6 – 74　查询项目信息页面——竞争性磋商**

（2）点击【立即购买】，如图 6 – 75 所示，需确认购标信息，填写邮寄信息、发票信息，查看订单详情并进行支付，其中支付方式分为网上支付、电汇、汇票、现金、支票，点击【保存】并【提交】。若付款方式选择网上支付时，则直接跳转至第三方支付页面进行支付，如图 6 – 76 所示；若付款方式选择电汇、支票、现金等，则需财务人员进行复核，复核完成则购买成功。

（注：在教学过程中，建议直接使用网上支付的方式购买文件。）

**图 6 – 75　新增订单页面——竞争性磋商**

**图 6 - 76　订单支付页面——竞争性磋商**

（3）文件购买成功后点击【文件下载】，找到项目后点击【确认下载】下载采购文件，可根据采购文件的数据包在客户端编制响应文件，如图 6 - 77 所示。

**图 6 - 77　文件下载页面——竞争性磋商**

**提示：**

公开需报名但不需购买文件的项目，报名通过后可直接下载文件；公开不需报名不需购买文件的项目可直接下载文件；邀请需购买文件的项目，完成邀请回执的确认后可直接下载文件。

## 五、提出澄清问题

**1. 操作流程**

【投标管理】—【我的项目】—【操作】—【投标管理】—【我的项目】—【操作】—【采购文件澄清管理】—【投标人/供应商提出的问题】—【提出问题】

2. 操作步骤

（1）点击左侧菜单栏【投标管理】下的【我的项目】查询已参加的项目，如图 6 – 78所示。

**图 6 – 78　我的项目页面——竞争性磋商发标阶段**

（2）点击项目右侧的【操作】进入主控台后点击【采购文件澄清管理】，如图 6 – 79 所示。

**图 6 – 79　采购文件澄清查看页面——竞争性磋商**

（3）进入查询澄清问题页面后选择【投标人/供应商提出的问题】，点击右侧【提出问题】进入添加澄清问题页面，补充澄清问题标题、澄清问题内容、澄清问题附件后，点击【提交】，如图 6 – 80 所示。

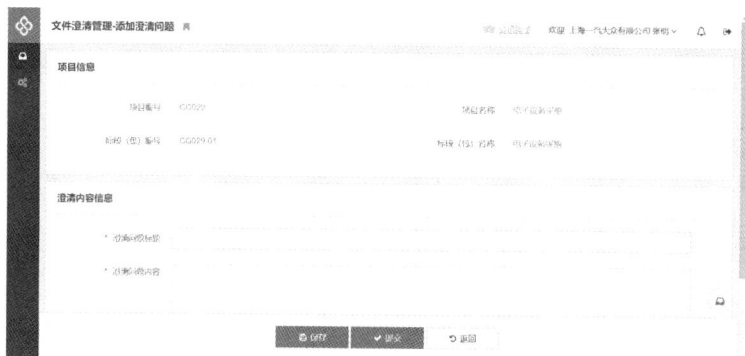

**图 6 - 80　添加澄清问题页面——竞争性磋商**

提示：

如果采购期间有多个问题提出，请重复步骤（3）。

提出问题后若有回复则在步骤（3）的查询澄清问题页面，选择【项目经理回复/澄清】点击项目右侧的【查看】，可查看采购人对提出问题的回答。

## 六、编制响应文件

1. 操作流程

【创建投标文件】—【选择文件】—【上传商务主文件 PDF】—【签章】—【完成】—【确认完成】—【上传技术主文件 PDF】—【签章】—【完成】—【确认完成】—【专用表单】—【完成】—【上传价格主文件 PDF】—【合并表单】—【签章】—【完成】—【确认完成】—【开启关联】—【确认完成】—【生成投标文件】

2. 操作步骤

（1）打开投标客户端，点击【创建投标文件】模块，点击界面中的【选择文件】，从本地选择 ebid 格式的采购文件数据包，创建响应文件，如图 6 - 81 所示。

编制响应文件时必须选择对应采购项目的数据包，否则无法递交响应文件。

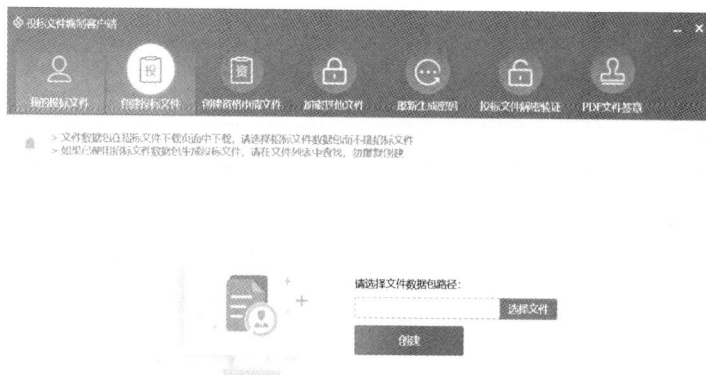

**图 6 - 81　创建响应文件页面——竞争性磋商**

（2）创建后进入响应文件编制页面，如图6-82所示；在商务文件编制页面中点击【主文件PDF】，上传商务PDF文件，上传后点击【签章】进入文件签章页面进行签章。客户端具备单页签章和多页签章两种签章方式，签章完成后可点击【确认完成】，完成商务主文件PDF的上传。

技术文件的编制方式同上。如有商务、技术响应专用表单，应当先填写表单，填写完毕后合并表单，再进行签章。

如响应文件无附件，可不进行上传，直接点击【确认完成】即可。签章时需插入CA并输入CA密码。

**图6-82　上传商务文件页面——竞争性磋商**

（3）完成商务、技术文件的编制后进入价格文件编制页面；点击【开标一览表】（采购文件管理中设置的专用表单），如图6-83所示。完成专用表单的填写后点击【主文件PDF】后上传价格PDF文件，上传后点击【合并专用表单】将专用表单数据合并至价格文件中。

**图6-83　填写开启一览表页面——竞争性磋商**

（4）专用表单数据合并完成后点击【签章】进入文件签章页面进行签章，客户端具备单页签章和多页签章两种签章方式。签章完成后可点击【确认完成】完成价格主文件PDF，如图6-84所示。

图6-84　上传价格文件页面——竞争性磋商

（5）完成价格文件的上传后进入条款关联页面。条款关联功能旨在帮助评审专家在评审时根据评审条款快速定位响应文件对应内容的页码。

点击【开启关联】后可将评审条款逐项关联到响应文件的相应页面，先在页面左侧点击最低一级的评审条款，再点击页面右侧的响应文件对应页，响应文件页左上方显示"已关联"即完成关联动作；同一评审条款可关联多页；关联时可基于评审条款内容，选择商务、技术、价格文件分别进行关联；关联完成后点击【确认关联】完成条款关联操作，如图6-85所示。

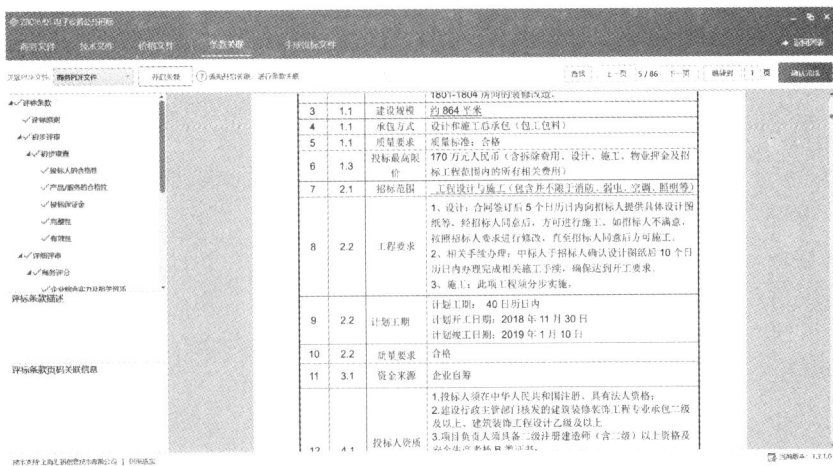

图6-85　条款关联页面——竞争性磋商

（6）完成条款关联操作后点击【生成投标文件】进入生成响应文件页面。生成响应文件前请检查商务文件、技术文件、价格文件和条款关联部分，是否均已确认完成，完成状态下，页面左侧显示绿色√。

点击【生成投标文件】后客户端对响应文件进行加密，如图 6 - 86 所示，加密过程可为响应文件创建一个解密密码（密码信封解密方式），用于在开启解密时应对 CA 损坏、无法识别等意外情况。

生成的响应文件分为商务文件、技术文件、价格文件，均为加密的 etnd 格式，可将 etnd 格式的响应文件上传至电子招投标交易平台。

**图 6 - 86　生成响应文件页面——竞争性磋商**

**提示：**

加密后请勿擅自修改生成的响应文件名称，否则上传时系统可能无法识别。

## 七、递交响应文件

1. 相关法律

《政府采购竞争性磋商采购方式管理暂行办法》

第十一条　供应商应当按照磋商文件的要求编制响应文件，并对其提交的响应文件的真实性、合法性承担法律责任。

第十二条　采购人、采购代理机构可以要求供应商在提交响应文件截止时间之前交纳磋商保证金。磋商保证金应当采用支票、汇票、本票或者金融机构、担保机构出具的保函等非现金形式交纳。磋商保证金数额应当不超过采购项目预算的 2%。供应商未按照磋商文件要求提交磋商保证金的，响应无效。

第十三条　供应商应当在磋商文件要求的截止时间前，将响应文件密封送达指定地点。在截止时间后送达的响应文件为无效文件，采购人、采购代理机构或者磋商小组应当拒收。

2．操作流程

【系统管理】—【绑定 CA】—【输入 CA 密码】—【CA 登录】—【绑定】—【投标管理】—【我的项目】—【操作】—【递交响应文件】—【上传文件】—【递交响应文件】

3．操作步骤

（1）递交文件前应当先在供应商账号下绑定 CA。点击菜单栏下的【系统管理】，点击【绑定 CA】进入 CA 绑定页面，如图 6－87 所示。确保 CA 证书已连接电脑后，输入 CA 密码，点击【CA 登录】，页面会显示该 CA 证书的机构名称、证书类型等信息，点击【绑定】后，即绑定成功。

（注：一把 CA 仅能绑定在一个供应商账号下，如系统提示"该 CA 已被绑定"，请检查该 CA 是否绑定在其他供应商账号下。一个供应商账号下可绑定多把 CA。）

**图 6－87　绑定 CA 页面——竞争性磋商**

（2）递交澄清文件后返回项目的主控台，点击【递交响应文件】，进入上传响应文件页面，如图 6－88 所示；在该页面中需填写联系人相关信息并递交响应文件。

**图 6－88　进入上传响应文件页面——竞争性磋商**

（3）在上传响应文件选项下分别点击【上传文件】上传商务文件、技术文件、价格文件，如图 6 – 89 所示。上传完成后点击【递交响应文件】输入 CA 密码则完成响应文件的递交。

**图 6 – 89　上传商务、技术、价格文件——竞争性磋商**

## 八、参与网上开启

1. 操作流程

【投标管理】—【我的项目】—【操作】—【参加开标会】—【签到】—【解密】—【签名】

2. 操作步骤

（1）点击【投标管理】下的【我的项目】，如图 6 – 90 所示，进入我的项目页面，当所参加项目显示开启阶段，点击【操作】进入项目主控台页面。

**图 6 – 90　我的项目查询页面——竞争性磋商开启阶段**

（2）如图 6 - 91 所示，进入项目主控台页面，所参加项目进行开启后点击【参加开标会】。

图 6 - 91　项目主控台页面——竞争性磋商参与网上开启

（3）进入开启大厅即代表签到成功，如图 6 - 92 所示。在项目经理下发开启记录表前，供应商仅能在开启大厅看见本公司信息。

图 6 - 92　开启大厅页面——竞争性磋商

（4）如图 6 - 93 所示，待开启人开启后，开启大厅右侧将显示【请解密】，点击并选择 CA 解密或者选择其他方式（密码信封）解密，解密操作应在解密倒计时结束前完成，否则视为解密失败。

采用 CA 解密方式需确保 CA 已连接电脑，且账号下已绑定 CA 证书，输入 CA 密码，即可完成解密。

采用其他方式（密码信封）解密可直接输入响应文件加密时设置的密码字符，点击【确认】，即可完成解密。

**图6-93 开启大厅（请解密）页面——竞争性磋商**

（5）如图6-94所示，所有供应商解密完毕后，页面将显示"等待开启人发送开启记录表签名"，开启人发送记录表之后，右侧将显示【请签名】，点击并按提示完成。

签名仅支持使用CA进行签名，供应商未进行签名且未提出异议的，签名时间结束后将默认已签名。

**图6-94 开启大厅（请签名）页面——竞争性磋商**

（6）开启人结束开启后，即完成参与网上开启。

## 九、响应文件澄清与最终报价

1. 相关法律

《政府采购竞争性磋商采购方式管理暂行办法》

第十六条 磋商小组成员应当按照客观、公正、审慎的原则，根据磋商文件规定的评审程序、评审方法和评审标准进行独立评审。未实质性响应磋商文件的响应文件按无效响应处理，磋商小组应当告知提交响应文件的供应商。

磋商文件内容违反国家有关强制性规定的，磋商小组应当停止评审并向采购人或者采购代理机构说明情况。

第十八条 磋商小组在对响应文件的有效性、完整性和响应程度进行审查时，可以要求供应商对响应文件中含义不明确、同类问题表述不一致或者有明显文字和计算错误的内容等作出必要的澄清、说明或者更正。供应商的澄清、说明或者更正不得超出响应文件的范围或者改变响应文件的实质性内容。

磋商小组要求供应商澄清、说明或者更正响应文件应当以书面形式作出。供应商的澄清、说明或者更正应当由法定代表人或其授权代表签字或者加盖公章。由授权代表签字的，应当附法定代表人授权书。供应商为自然人的，应当由本人签字并附身份证明。

2. 操作流程

响应文件澄清：【投标管理】—【我的项目】—【操作】—【评审问题澄清】

最终报价：【投标管理】—【我的项目】—【操作】—【投标人报价】—【投标人最终报价】

3. 操作步骤

（1）响应文件澄清。

1）点击菜单栏【投标管理】下的【我的项目】进入我的项目页面。在我的项目页面点击【操作】，进入项目主控台页面，如图6-95所示。点击【评审问题澄清】进入页面后可查看评审专家在评审过程中发出的澄清问题，并在规定时间内对响应文件进行澄清或说明。

图6-95 项目主控台页面——竞争性磋商评审问题澄清

2）回复评审过程中的问题时需添加答复内容、上传答复文件进行澄清，如图6-96所示。

**图 6 - 96　澄清问题回复页面——竞争性磋商**

（2）最终报价。

点击主控台页面中的【投标人报价】；进入最终报价页面后在【投标人最终报价】选项下输入最终报价，点击【提交】完成最终报价，如图 6 - 97 所示。

**图 6 - 97　供应商最终报价页面——竞争性磋商**

## 十、查看通知书

1. 相关法律

《政府采购竞争性磋商采购方式管理暂行办法》

第二十九条　采购人或者采购代理机构应当在成交供应商确定后 2 个工作日内，在省级以上财政部门指定的政府采购信息发布媒体上公告成交结果，同时向成交供应商发出成交通知书，并将磋商文件随成交结果同时公告。成交结果公告应当包括以下内容：

（一）采购人和采购代理机构的名称、地址和联系方式；

（二）项目名称和项目编号；

（三）成交供应商名称、地址和成交金额；

（四）主要成交标的的名称、规格型号、数量、单价、服务要求；

（五）磋商小组成员名单。

2. 操作流程

【投标管理】—【我的项目】—【操作】—【成交通知书查看】／【成交结果通知书查看】

3. 操作步骤

（1）成交的供应商进入主控台后可点击【成交通知书查看】进入查看采购结果页面下载成交通知书，如图 6 - 98 所示。

**图 6 - 98　成交供应商查看页面——竞争性磋商**

（2）未成交的供应商进入主控台后可点击【成交结果通知书查看】进入查看采购结果页面下载采购结果通知书，如图 6 - 99 所示。

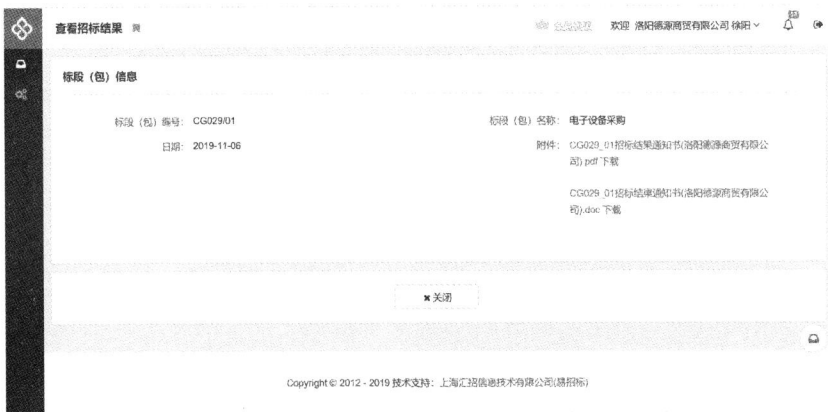

**图 6 - 99　未成交供应商查看页面——竞争性磋商**

**提示：**

成交供应商与未成交供应商可下载查看的文件信息不同。

# 第四节　实战演练

## 一、系统实训

请按以下要求在系统中完成一个完整的竞争性磋商采购流程：

（1）请建立一个公开竞争性磋商项目；

（2）文件下载时间为 5 个工作日；

（3）采用直接指定的方式组建竞争性磋商小组，磋商小组为 5 人；

（4）评审条款设置中，共有三个评审阶段，分别为初步评审、详细评审（商务评审、技术评审）、价格评审。

## 二、思考题

1. 竞争性谈判与竞争性磋商的主要区别是什么？

2. 竞争性磋商的采购公告应当包括哪些内容？

# 第七章 单一来源采购流程操作实务

◇ **学习导航**

掌握单一来源采购的流程

掌握单一来源采购活动中各环节涉及的法律法规

◇ **教学建议**

备课要点：单一来源采购的操作实务、单一来源采购活动涉及的法律法规的理解

教授方法：讲授、系统实操、启发式

扩展知识领域：如何与企业建立战略合作关系

立体化教材——操作教学视频

# 第一节　单一来源采购简要流程

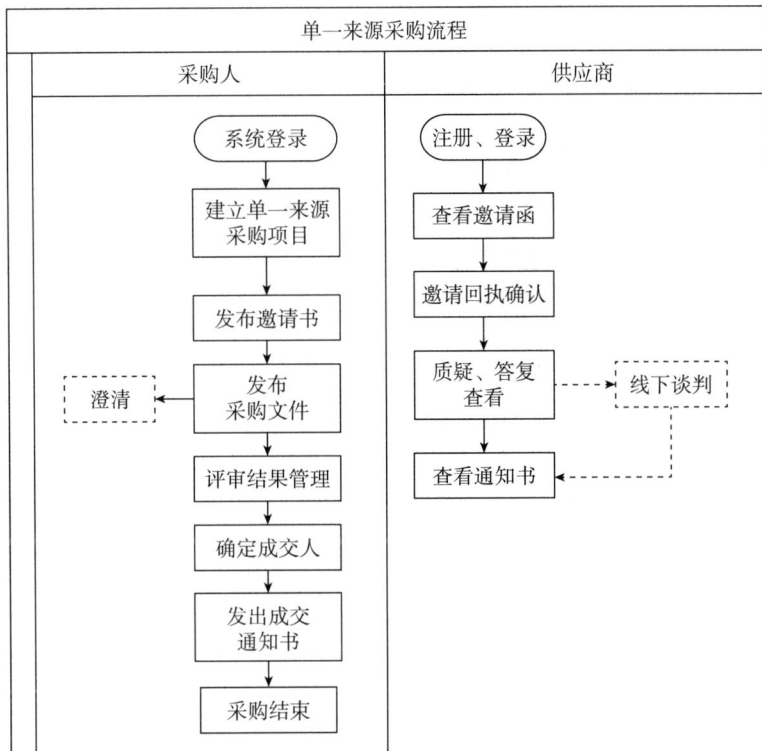

```
┌─────────────────────────────────────────────────────┐
│                   单一来源采购流程                      │
├────────────────────────┬──────────────────────────────┤
│         采购人          │            供应商             │
├────────────────────────┼──────────────────────────────┤
│      ( 系统登录 )       │        ( 注册、登录 )         │
│          ↓              │             ↓                │
│    ┌──────────┐         │      ┌──────────┐            │
│    │ 建立单一来源│         │      │ 查看邀请函 │            │
│    │ 采购项目  │         │      └──────────┘            │
│    └──────────┘         │             ↓                │
│          ↓              │      ┌──────────┐            │
│    ┌──────────┐         │      │ 邀请回执确认│            │
│    │ 发布邀请书 │         │      └──────────┘            │
│    └──────────┘         │             ↓                │
│          ↓              │      ┌──────────┐   ┌──────┐ │
│ ┌────┐ ┌──────────┐     │      │ 质疑、答复 │···│线下谈判│ │
│ │澄清│←│ 发布     │     │      │ 查看      │   └──────┘ │
│ └────┘ │ 采购文件  │     │      └──────────┘            │
│        └──────────┘     │             ↓                │
│          ↓              │      ┌──────────┐            │
│    ┌──────────┐         │      │ 查看通知书 │←·········· │
│    │ 评审结果管理│         │      └──────────┘            │
│    └──────────┘         │                              │
│          ↓              │                              │
│    ┌──────────┐         │                              │
│    │ 确定成交人 │         │                              │
│    └──────────┘         │                              │
│          ↓              │                              │
│    ┌──────────┐         │                              │
│    │ 发出成交   │         │                              │
│    │ 通知书    │         │                              │
│    └──────────┘         │                              │
│          ↓              │                              │
│    ┌──────────┐         │                              │
│    │ 采购结束   │         │                              │
│    └──────────┘         │                              │
└────────────────────────┴──────────────────────────────┘
```

# 第二节　单一来源采购操作实务

## 一、系统登录

进入任意浏览器，在网址栏输入指定地址进入电子招标投标交易平台，选择【密码登录】登录演示专用账号，如图 7 - 1 所示。

图 7 – 1　登录页面

## 二、建立单一来源采购项目

1. 相关法律

《政府采购法》

第三十一条　符合下列情形之一的货物或者服务，可以依照本法采用单一来源方式采购：

（一）只能从唯一供应商处采购的；

（二）发生了不可预见的紧急情况不能从其他供应商处采购的；

（三）必须保证原有采购项目一致性或者服务配套的要求，需要继续从原供应商处添购，且添购资金总额不超过原合同采购金额百分之十的。

2. 操作流程

【采购方案】—【采购立项】—【添加项目】—【确定】—【保存】—【提交审批】—【项目已生效】

3. 操作步骤

（1）点击菜单栏中的【采购方案】，出现隐藏菜单，如图 7 – 2 所示。

（2）点击【采购立项】进入查询采购立项页面，点击【添加项目】，如图 7 – 3 所示，建立单一来源采购项目。

（3）进入项目基本信息页面，如图 7 – 4 所示，"＊"为必填项，选择"政府采购"及"单一来源"即为建立单一来源采购项目，点击【确认】即进入基本信息页面，根据要求填制即可。

**图 7 - 2 查询采购方案页面——单一来源**

**图 7 - 3 查询采购立项页面——单一来源**

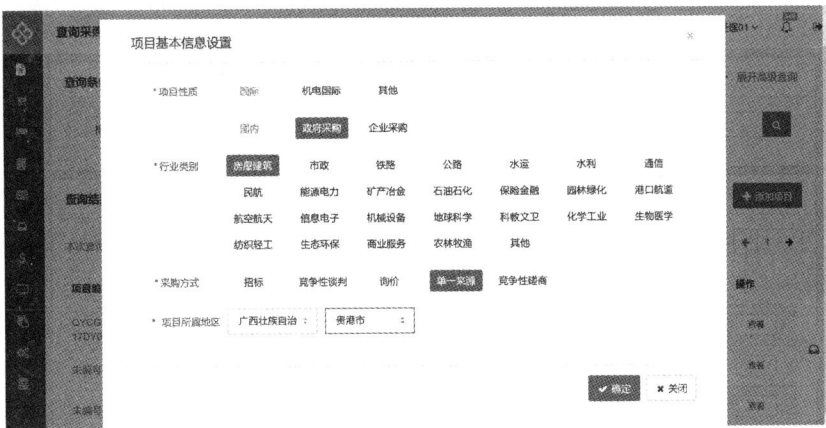

**图 7 - 4 项目基本信息页面——单一来源**

（4）单一来源采购也称直接采购，是指采购人向特定供应商进行采购的方式。因此，在系统中采购方式只能选择"推荐供应商"，如图7－5所示；需注意，在单一来源采购邀请书编辑中只能邀请1名供应商。

**图7－5 单一来源采购建项页面**

（5）根据实际情况及要求填制完成后需先点击【保存】可对项目信息进行保存；再点击【提交审批】后项目即可交由审批人员审批。

（6）项目审批时需进行审批信息操作，如图7－6所示，左边长框选择"审批待选人员"，点击箭头添加至右边"已选审批人员"，点击【提交】，项目才能完成【提交审批】过程。

**图7－6 审批信息操作页面——单一来源**

（7）审批通过后点击菜单栏中的【采购立项】进入采购立项查询页面，确认项目已生效后则成功建立单一来源采购项目。

**提示：**

出现灰色长框，为客观选择项，点击长框左侧放大镜，根据要求查询并选中所需选项，点击【选择】，完成操作。

### 三、单一来源邀请书编制与发布

1. 相关法律

《政府采购非招标采购方式管理办法》

第三十八条　属于政府采购法第三十一条第一项情形，且达到公开招标数额的货物、服务项目，拟采用单一来源采购方式的，采购人、采购代理机构在按照本办法第四条报财政部门批准之前，应当在省级以上财政部门指定媒体上公示，并将公示情况一并报财政部门。公示期不得少于 5 个工作日，公示内容应当包括：

（一）采购人、采购项目名称和内容；

（二）拟采购的货物或者服务的说明；

（三）采用单一来源采购方式的原因及相关说明；

（四）拟定的唯一供应商名称、地址；

（五）专业人员对相关供应商因专利、专有技术等原因具有唯一性的具体论证意见，以及专业人员的姓名、工作单位和职称；

（六）公示的期限；

（七）采购人、采购代理机构、财政部门的联系地址、联系人和联系电话。

2. 操作流程

【政府采购】—【单一来源项目】—【主控台】—【投标编辑】—【保存】—【提交审批】—【投标邀请发出】

3. 操作步骤

（1）点击菜单栏中的【政府采购】下的【单一来源项目】进入单一来源项目查询页面选择已建立的采购项目，如图 7 - 7 所示。

**图 7 - 7　查询单一来源项目页面**

（2）点击项目下的【主控台】进入主控台页面，如图7-8所示，点击【投标邀请编辑】需填写项目文件发售开始时间、文件发售结束时间、是否网上售标、邀请人名单信息、公告内容等。如图7-9所示，单一来源采购项目只能邀请1个供应商，完善信息后点击【保存】可对单一来源邀请信息进行保存；点击【提交审批】后单一来源邀请书即可交由审批人员审批。

**图7-8　项目主控台页面——单一来源投标邀请编辑**

**图7-9　单一来源邀请书编辑页面**

（3）审批通过后点击【主控台】中【投标邀请发出】进入发布邀请页面，如图7-10所示；查看信息无误后点击【发布】，邀请书即可成功发布。

**图 7 - 10　项目主控台页面——单一来源投标邀请发出**

## 四、单一来源文件编制与发布

1. 操作流程

【政府采购】—【单一来源项目】—【主控台】—【采购文件管理】—【编辑文件】—【提交】—【提交审批】—【采购文件发出】

2. 操作步骤

（1）点击菜单栏中的【政府采购】下的【单一来源项目】进入单一来源项目查询页面，选择已建立的采购项目进入主控台页面，如图 7 - 11 所示。点击【采购文件管理】进入文件管理—查询页面，如图 7 - 12 所示。

**图 7 - 11　项目主控台页面——单一来源采购文件管理**

**图 7 – 12　单一来源文件管理——查询页面**

（2）编辑文件。点击文件管理—查询页面中的【编辑文件】图标进入文件管理—新增页面，如图 7 – 13 所示；在文件管理—新增页面中需完成文件上传并确定文件出售的时间，编辑完成后点击【提交】即可完成文件编辑。

**图 7 – 13　单一来源文件管理——新增页面**

（3）完成编辑文件后，跳转到文件管理—查询页面，如图 7 – 14 所示。

**图 7 – 14　单一来源文件管理——查询页面（文件已编制）**

（4）点击【提交审批】则提交至审批人员审批，审批通过后回到项目主控台页面，点击【采购文件发出】则采购文件发出成功，如图7－15所示。

**图7－15　项目主控台页面——单一来源采购文件发出**

## 五、单一来源文件澄清

1. 操作流程

【政府采购】—【单一来源项目】—【主控台】—【采购文件澄清管理】—【回复/提出澄清】—【保存】—【生效】—【发出】

2. 操作步骤

（1）采购文件编制完成并发布后若文件存在问题或供应商对采购文件提出质疑则可进行文件澄清。点击菜单栏中的【政府采购】下的【单一来源项目】选择已建立的采购项目，点击项目下的【主控台】进入主控台页面，如图7－16所示。

**图7－16　项目主控台页面——单一来源文件澄清管理**

（2）如图 7－17 所示，点击【采购文件澄清管理】进入采购文件澄清管理页面，点击【回复/提出澄清】对采购文件进行澄清。

**图 7－17　单一来源采购文件澄清管理页面**

（3）进入添加澄清页面，如图 7－18 所示，需要对澄清内容、澄清对象等信息进行编辑并保存，确认无误后点击【生效】。

**图 7－18　单一来源采购文件澄清——回复/提出澄清页面**

（4）当项目经理提出的澄清问题生效后，采购文件澄清管理页面如图 7－19 所示，操作栏将显示可发出，点击【发出】即完成采购文件澄清。

**图 7 – 19 单一来源采购文件澄清管理页面（澄清可发出）**

## 六、评审管理

1. 操作流程

【政府采购】—【单一来源项目】—【主控台】—【评审结果管理】—【保存】—【提交审批】

2. 操作步骤

（1）点击菜单栏中【政府采购】下的【单一来源项目】进入查询单一来源项目页面选择已建立的采购项目，点击项目下的【主控台】进入主控台页面，如图 7 – 20 所示。

**图 7 – 20 项目主控台页面—单——来源评审结果管理**

（2）点击项目下的【评审结果管理】进入线下评审管理页面，如图 7 – 21 所示。

（注：系统中单一来源政府采购项目均为线下评审，即只需将线下评审的结果录入系统。）

**图 7 – 21　单一来源评审结果管理页面**

（3）在评审管理页面中完成最终报价的填写和评审报告的上传后，点击【保存】可对信息进行保存；点击【提交审批】后可将抽取专家结果交由审批人员审批。

（4）审批通过后回到政府单一来源采购项目主控台页面，如图 7 – 22 所示，则评审管理操作完成。

**图 7 – 22　项目主控台页面——单一来源评审结果已完成**

提示：

操作过程的评审管理结果审批通过后，主控台页面才可看到【确定成交人】字段信息。

## 七、确定成交人与发出成交通知书

1. 操作流程

【政府采购】—【单一来源项目】—【主控台】—【确定成交人】—【完成】—【成交通知书处理】—【通知书编辑】—【保存】—【提交审批】—【生成编号】—【发出】

2. 操作步骤

（1）点击菜单栏中的【政府采购】下的【单一来源项目】进入单一来源项目查询页面选择已建立的采购项目，点击【主控台】进入主控台页面，如图 7 - 23 所示。

**图 7 - 23　项目主控台页面——单一来源确定成交人**

（2）点击主控台页面的【确定成交人】进入确定成交人页面，如图 7 - 24 所示。

**图 7 - 24　单一来源确定成交人页面**

（3）在确定成交人页面编辑完成后点击【完成】跳转到项目主控台页面，如图 7 - 25 所示。

**图 7 - 25　项目主控台页面——单一来源成交公告**

（4）点击主控台页面【成交公告】进入成交结果公告编辑页面，如图 7 - 26 所示；可按照公告模板生成公告，也可以直接在线编辑公告。完成公告编辑后，点击【提交审批】，审批通过后回到项目主控台页面，如图 7 - 27 所示，点击【成交公告发出】便可发出单一来源成交公告。

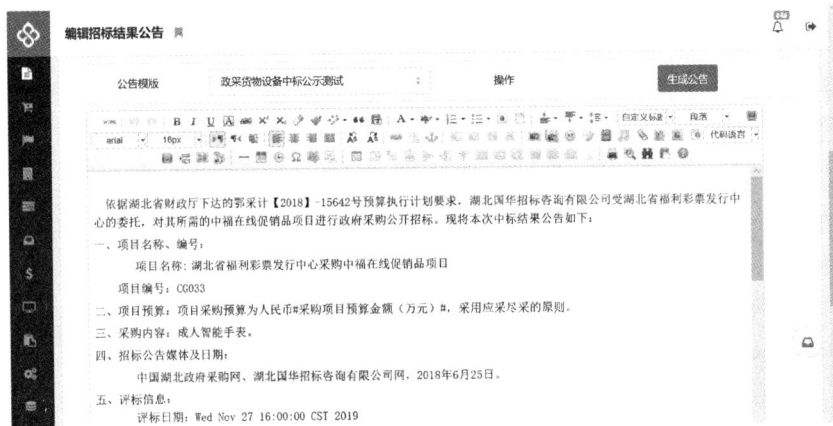

**图 7 - 26　单一来源成交公告编辑页面**

图 7 – 27　项目主控台页面——单一来源成交公告发出

（5）成交公告发出后，点击项目主控台【成交通知书处理】，进入查询成交通知书页面，如图 7 – 28 所示；点击【通知书编辑】，进入编辑成交通知书页面，如图 7 – 29 所示。

图 7 – 28　项目主控台页面——单一来源成交通知书处理

图 7 – 29　编辑成交通知书页面——单一来源

（6）编辑完成后点击编辑成交通知书页面【保存】即可对信息进行保存；在查询成交通知书页面点击【提交审批】即可交由审批人员审批；审批结束后可在查询成交通知书页面生成通知书编号，如图 7 - 30 所示。

图 7 - 30　查询成交通知书页面（生成编号）

（7）点击查询成交通知书页面【生成编号】进行编号生成后，如图 7 - 31 所示；点击页面中【发出】即完成成交通知书的发出。

图 7 - 31　查询成交通知书页面（可发出）

提示：

公告审批通过后，主控台页面才可看到【成交通知书查看】字段信息。生成编号成功后，查询成交通知书页面才可看到【发出】字段信息。

## 八、采购结束

### 1. 相关法律

《政府采购非招标采购方式管理办法》

第二十六条 采购人、采购代理机构应当妥善保管每项采购活动的采购文件。采购文件包括采购活动记录、采购预算、谈判文件、询价通知书、响应文件、推荐供应商的意见、评审报告、成交供应商确定文件、单一来源采购协商情况记录、合同文本、验收证明、质疑答复、投诉处理决定以及其他有关文件、资料；采购文件可以电子档案方式保存；采购活动记录至少应当包括下列内容：

（一）采购项目类别、名称；

（二）采购项目预算、资金构成和合同价格；

（三）采购方式，采用该方式的原因及相关说明材料；

（四）选择参加采购活动的供应商的方式及原因；

（五）评定成交的标准及确定成交供应商的原因；

（六）终止采购活动的，终止的原因。

### 2. 操作流程

【政府采购】—【单一来源项目】—【主控台】—【采购结束】—【结束标段】—【归档管理】—【保存】—【移交（针对包)】—【采购结束查看】

### 3. 操作步骤

（1）点击菜单栏中的【政府采购】下的【单一来源项目】进入单一来源项目查询页面选择已建立的采购项目，点击【主控台】进入主控台页面。

（2）点击主控台页面中【采购结束】进入查看信息页面，如图 7–32 所示；在页面中点击【结束标段】结束标段（包）。

**图 7–32 查看信息页面**

（3）返回单一来源采购项目主控台页面，点击【归档管理】进入归档信息处理页面，如图 7 - 33 所示。

**图 7 - 33　归档信息处理页面**

# 第三节　供应商操作实务

## 一、供应商注册

1. 操作流程

【输入网址】—【没有账号？立即注册】—【立即注册】

2. 操作步骤

（1）进入任意浏览器，在网址栏输入指定地址进入电子招标投标交易平台，系统登录页面，如图 7 - 34 所示。

（2）点击系统登录页面中【没有账号？立即注册】进入用户注册页面信息页，按照提示及要求完善相关信息，如地区、证件类型、企业名称等。

（3）在用户注册页面进行用户注册分四步，分别为企业注册、完善信息、用户审批、注册成功，在用户注册信息页面编辑完成后，点击【立即注册】等待用户审批，审批完成后则注册成功。

**图 7 – 34　系统登录页面——单一来源**

## 二、确认邀请回执

1. 操作流程

【投标管理】—【邀请回执】—【确认参加】—【发送】

2. 操作步骤

（1）供应商接收到采购人的邀请后，需在系统中确认是否参与项目。点击左侧菜单栏中的【邀请回执】进入邀请回执管理页面，如图 7 – 35 所示。

**图 7 – 35　邀请回执管理页面——单一来源**

（2）点击项目右侧的【确认参加】跳转至投标确认页面后填写相关信息，点击【发送】完成邀请回执的发送，如图 7 – 36 所示。

图7-36　邀请确认页面——单一来源

## 三、购买与下载单一来源文件

1. 操作流程

【购买文件】—【立即购买】—【保存】—【提交】—【文件下载】—【确认下载】

2. 操作步骤

（1）当项目设置需要购买文件时，则在发送完邀请回执后可进行文件购买；购买文件时在界面左侧菜单栏的投标管理中选择【购买文件】，如图7-37所示。

图7-37　查询项目信息页面——单一来源

（2）点击【立即购买】，如图7-38所示，需确认购标信息，填写邮寄信息，发票信息，查看订单详情并进行支付，其中支付方式分为网上支付、电汇、汇票、现金、支票，点击【保存】并【提交】。若付款方式选择网上支付时，则直接跳转至第三方支付页面进行支付，如图7-39所示；若付款方式选择电汇、支票、现金等，则需财务人员进行复核，复核完成则购买成功。

（注：在教学过程中，建议直接使用网上支付的方式购买文件。）

**图 7 - 38　新增订单页面——单一来源**

**图 7 - 39　订单支付页面——单一来源**

（3）文件购买成功后点击【文件下载】进入文件下载页面，点击【确认下载】下载采购文件，如图 7 - 40 所示；可根据采购文件的数据包在客户端编制响应文件。

**图 7 - 40　文件下载页面——单一来源**

## 四、提出澄清问题

1. 操作流程

【投标管理】—【我的项目】—【操作】—【采购文件澄清查看】—【投标人/供应商提出的问题】—【提出问题】

2. 操作步骤

（1）点击左侧菜单栏【投标管理】下的【我的项目】查询已参加的项目，如图7-41所示。

**图7-41 我的项目页面——单一来源发标阶段**

（2）点击项目右侧的【操作】进入主控台后点击【采购文件澄清查看】，如图7-42所示。

**图7-42 项目主控台页面——单一来源采购文件澄清管理**

（3）进入查询澄清问题页面后选择【投标人/供应商提出的问题】，点击右侧【提出问题】进入添加澄清问题页面，补充澄清问题标题、澄清问题内容、澄清问题附件后，点击【提交】则澄清问题提交至项目经理，如图7-43所示。

**图7-43 添加澄清问题页面**

**提示：**

如果采购期间有多个问题提出，请重复步骤（3）。

提出问题后若有回复，则在步骤（3）的查询澄清问题页面，选择【项目经理回复/澄清】点击项目右侧的【查看】可查看采购人/项目经理对提出问题的回答。

## 五、查看通知书

1. 操作流程

【投标管理】—【我的项目】—【操作】—【成交公告查看】—【成交通知书查看】

2. 操作步骤

（1）点击菜单栏中投标管理下的【我的项目】进入项目查询页面，如图7-44所示。

**图7-44 我的项目页面——单一来源定标阶段**

（2）点击项目中的【操作】进入单一来源采购项目主控台页面，如图 7-45 所示。

**图 7-45　项目主控台页面——成交公告查看**

（3）点击主控台页面中的【成交公告查看】进入查看成交结果公告页面，如图 7-46 所示。

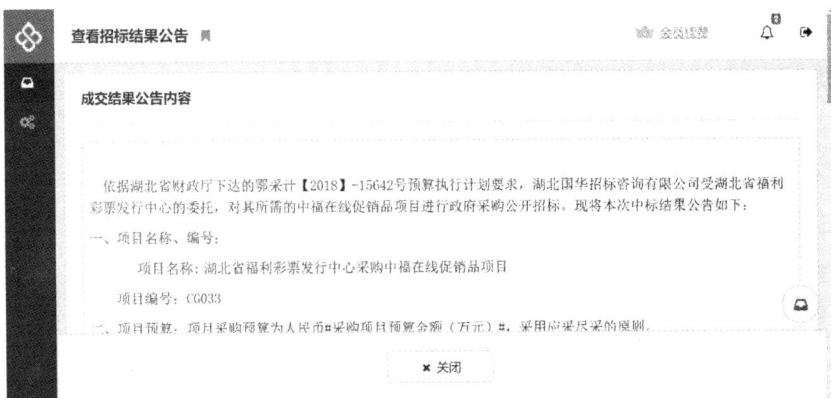

**图 7-46　成交公告查看页面**

（4）点击主控台页面中的【成交通知书查看】进入查看采购结果页面可下载成交通知书，如图 7-47 所示。

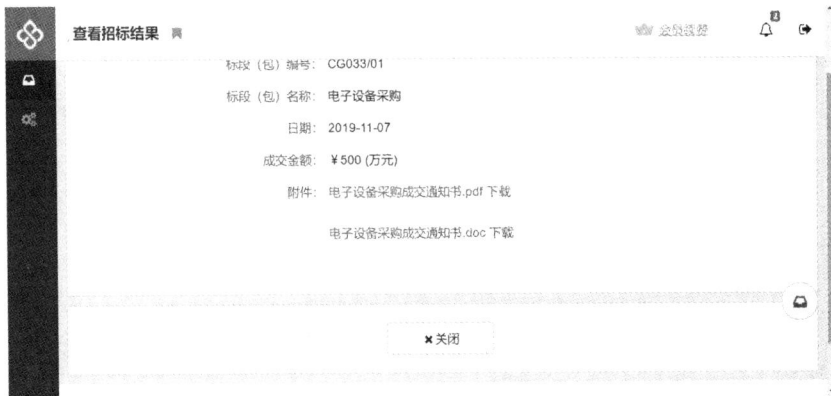

**图 7-47　查看采购结果页面**

# 第四节  实战演练

## 一、系统实训

请按照要求在系统中完成一个单一来源采购项目：

（1）在系统中建立一个单一来源理由为 10% 以内追加的货物采购项目；

（2）投标邀请中，文件下载时间大于 5 天。

## 二、思考题

1. 一般情况下，选择单一来源的理由有哪几种？（列举三个以上）

2. 政府采购中，采购人可以在什么情况下终止单一来源采购活动？

# 附录  习题答案

## 第一章

1. 询价采购。

2. 招标（公开、邀请）、竞争性谈判、竞争性磋商、询价、单一来源；公开招标。

3. 采购人、供应商、代理机构、评标专家。

## 第二章

1. 交易平台、公共服务平台、行政监督平台。

2. 交易平台需具备在线完成招标投标全部交易过程，编辑、生成、对接、交换和发布有关招标投标数据信息，为行政监督部门和监察机关依法实施监督、监察和受理投诉提供所需的信息通道等主要功能。

3. CA证书主要内容包括证书服务机构的名称、证书持有人的名称及其签名验证数据、证书序列号、有效期、服务机构签名等。

## 第三章

一、系统实训

（略）

二、思考题

1. 见第三章第四节。

2. 不需要价格的开标一览表。资格预审主要是对参加投标的申请人的承包能力、业绩、资格和资质、历史工程情况、财务状况和信誉等进行审查，并确定合格的投标人名单的过程，该过程不涉及价格。

3. 分情况讨论。若解密成功的投标人大于3个，则可继续进行招标活动；若解密成功的投标人小于3个，则不可继续进行招标活动。

4. 该评审专家评审结果无效，应寻找其他专家代替，由该专家完成所有的评审内容。

5. 不行，电子评标应当在有效监控和保密的环境下在线进行。根据国家规定应当进入依法设立的招标投标交易场所的招标项目，评标委员会成员应当在依法设立的招标投标交易场所登录招标项目所使用的电子招标投标交易平台进行评标。评标中需要投标人对投标文件澄清或者说明的，招标人和投标人应当通过电子招标投标交易平台交换数据电文。

## 第四章

一、系统实训

（略）

二、思考题

1. ①招标后没有供应商投标或者没有合格标的或者重新招标未能成立的；②技术复杂或者性质特殊，不能确定详细规格或者具体要求的；③采用招标所需时间不能满足用户紧急需要的；④不能事先计算出价格总额的。

2. 不能。依据为《政府采购法》第三十八条规定，谈判小组应当要求所有参加谈判的供应商在规定时间内进行最后报价。

## 第五章

一、系统实训

（略）

二、思考题

1. 采购的货物规格、标准统一、现货货源充足且价格变化幅度小的政府采购项目。

2. 不可以。依据为《政府采购法》第四十条，询价小组要求被询价的供应商一次报出不得更改的价格。

3. 适用范围不同，竞争性谈判采购主要适用于技术复杂或性质特殊，不能确定详细规格或者具体要求的项目。询价采购主要适用于采购的货物规格、标准统一、现货货源充足且价格变化幅度小的采购项目。在交易规则上，询价为一次性报价，竞争性谈判中可以发起最终报价。

## 第六章

一、系统实训

（略）

二、思考题

1. 区别有：①竞争性谈判采取最低评标价法，而竞争性磋商采取综合评分法；②谈判文件、磋商文件的发售期限和响应期限不同。

2. 采购人、采购代理机构的名称、地点和联系方法；采购项目的名称、数量、简要规格描述或项目基本概况介绍；采购项目的预算；供应商资格条件；获取磋商文件的时间、地点、方式及磋商文件售价；响应文件提交的截止时间、开启时间及地点；采购项目联系人姓名和电话。

## 第七章

一、系统实训

（略）

二、思考题

1. 唯一供应商、紧急采购、必须保证原有采购项目一致性或者服务配套的要求，需要继续从原供应商处添购，且添购资金总额不超过原合同采购金额的 10%。

2. ①因情况变化，不再符合规定的单一来源采购方式适用情形的；②出现影响采购公正的违法、违规行为的；③报价超过采购预算的。